PETIT COURS

DE

HÈMES GRECS

AVEC QUESTIONNAIRE

ADAPTÉ A LA GRAMMAIRE DE M. CHASSANG

PAR

AD. BOUILLON

AGRÉGÉ DE L'UNIVERSITÉ
PROFESSEUR AU LYCÉE FONTANES, A PARIS

PREMIÈRE PARTIE — COURS DE SIXIÈME

PARIS

NIER FRÈRES, LIBRAIRES ÉDITEURS

6, RUE DES SAINTS-PÈRES, 6

—

1875

PETIT COURS

DE

THÈMES GRECS

AVEC QUESTIONNAIRE.

Paris. — Typographie Georges Chamerot, rue des Saints-Pères, 19.

PETIT COURS

DE

THÈMES GRECS

AVEC QUESTIONNAIRE

ADAPTÉ A LA GRAMMAIRE DE M. CHASSANG

PAR

AD. BOUILLON

AGRÉGÉ DE L'UNIVERSITÉ

PROFESSEUR AU LYCÉE FONTANES, A PARIS

PREMIÈRE PARTIE — COURS DE SIXIÈME

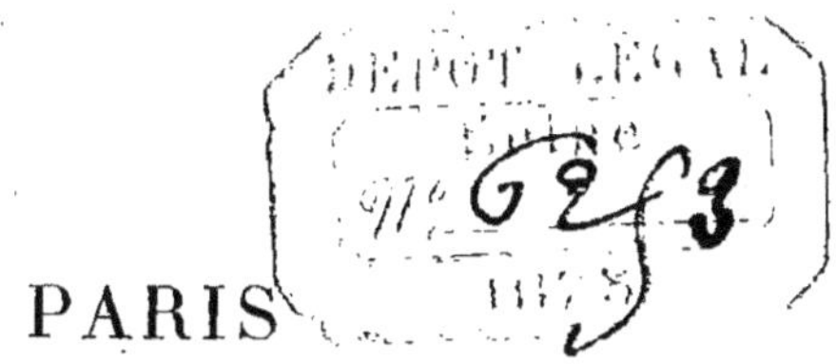

PARIS

GARNIER FRÈRES, LIBRAIRES ÉDITEURS

6, RUE DES SAINTS-PÈRES, ET PALAIS-ROYAL, 215

—

1875

AVERTISSEMENT.

Une grammaire nouvelle, faite d'après les principes de la grammaire comparée, appelait nécessairement, comme complément naturel, un nouveau cours de thèmes. Assuré, par une expérience attentive et réfléchie, de l'efficacité de cette méthode récente, je n'ai pas craint d'entreprendre le modeste travail que je soumets aujourd'hui au jugement de mes collègues, en réclamant leur bienveillante indulgence.

Que devait être ce cours de thèmes? Simplement un recueil de phrases empruntées presque fatalement à divers livres déjà faits par des maîtres habiles? Mais ce plagiat forcé ne suffisait point à mettre en relief les traits essentiels de la Grammaire de M. Chassang. Dès lors, j'ai cru devoir ajouter un Questionnaire, destiné particulièrement à appeler l'attention des élèves sur le caractère distinctif d'une méthode qui substitue aux procédés empiriques l'explication raisonnée des règles de la déclinaison et de la conjugaison. Fortement convaincu, par une pratique déjà longue, de l'utilité de ces questions, je n'ai pas hésité à les multiplier, peut-être même à l'excès, mais j'ai compté, je l'avoue, sur le tact des maîtres, qui seront les meilleurs juges du choix à faire et de la mesure à apporter dans l'emploi du Questionnaire.

Aux exercices nombreux proposés en vue de rompre l'esprit des enfants au mécanisme de la déclinaison et de la conjugaison, il m'a semblé utile aussi de rattacher, sans excéder la limite des devoirs possibles en sixième, quelques règles élémentaires de la syntaxe, de façon à aider graduellement les élèves à mieux comprendre la raison des cas, des temps, des modes, des tours de phrase enfin qui se rencontrent parfois un peu prématurément dans leurs auteurs. Le thème deviendra ainsi pour eux un puissant auxiliaire de la version. Ai-je trop présumé de cette anticipation même discrète? J'ose espérer que non.

Tels sont les motifs qui m'ont paru justifier l'introduction d'un Questionnaire et de quelques éléments de la syntaxe dans ce petit cours de sixième. Heureux, si mes efforts peuvent aider au succès d'une Grammaire distinguée entre toutes, et contribuer ainsi aux progrès des études grecques! Ce sera ma plus douce récompense.

A. B.

20 mars 1875.

PETIT COURS
DE
THÈMES GRECS
AVEC QUESTIONNAIRE

PREMIÈRE PARTIE.

LIVRE PREMIER.
NOTIONS PRÉLIMINAIRES.

CHAPITRE Ier.

§ 1-6.

QUESTIONNAIRE.

Combien y a-t-il de muettes, et quelles sont-elles?

En combien d'ordres et de degrés se divisent-elles?

Quel est le nom de chacun de ces ordres et de ces degrés?

Nommer les trois dentales et les trois fortes.

Quelle est l'aspirée du γ?

Quelle est la douce du φ?

De quel ordre et de quel degré est le θ?

Combien y a-t-il de consonnes doubles, et quelles sont-elles?

Que devient la sifflante σ précédée d'une labiale?

Que devient cette même sifflante précédée d'une gutturale?

De quelles consonnes le ζ tient-il lieu, et comment se prononce-t-il?

Rectifier l'orthographe des mots suivants : λέγσω, — τρίϐσω, — σώσδω.

CHAPITRE II.

§ 6-16.

QUESTIONNAIRE.

Tout mot en grec peut-il être autre chose que simple ou composé?

Combien y a-t-il d'espèces de mots simples?

En quoi les mots composés diffèrent-ils des mots simples?

Quels sont les trois éléments qui entrent dans la composition d'un mot simple?

Qu'est-ce que le radical, et en quoi diffère-t-il de la racine?

Que signifie le mot affixes, et combien y a-t-il d'espèces d'affixes?

Combien y a-t-il de sortes de désinences?

Étant donné le substantif λόγος, si λογ en est la racine, et ς la désinence casuelle, comment appellera-t-on l'ο qui suit λογ?

Si de ce même mot on retranche le ς, comment appellera-t-on ce qui reste?

Étant donné le mot λέλυκε, si λυ en est la racine, comment appellera-t-on la syllabe λε?

Étant donné le substantif δῶρον, si δῶρο en est le radical, comment appellera-t-on le ν?

Étant donné le verbe λύεις, si λυε en est le radical, comment appellera-t-on la syllabe ις?

LIVRE DEUXIÈME.

DÉCLINAISONS.

CHAPITRES Ier, II et III.

§ 16-21.

QUESTIONNAIRE.

Combien y a-t-il de déclinaisons en grec?

Quelles sont celles qui sont parisyllabiques?

L'article a-t-il un vocatif? — A quels cas prend-il la consonne τ?

La première déclinaison comprend-elle des noms neutres?

Comment sont terminés, au radical, les noms féminins de la première déclinaison?

Quels sont ceux qui gardent l'α à tous les cas du singulier?

Quels sont ceux qui l'allongent en η, tantôt au génitif et au datif seulement, et tantôt à tous les cas du singulier?

Si un nom a le génitif en ης et le datif en ῃ, comment peut-on reconnaître qu'il doit faire l'accusatif en ην ou en αν?

EXERCICE.

N. B. — Les mots qui ne sont point entre parenthèses se trouvent dans la grammaire.

Vice (κακία). Du vice, le vice (acc.), les vices (acc.), au vice, aux vices, des vices. A la porte de la maison.

Combat (ἅμιλλα). Au combat des Muses, le combat (acc.) de la Muse, aux siéges de la table (τράπεζα), à la gloire, du portique, des portiques.

A la voix de l'honneur, à l'ombre (σκία) du laurier (δάφνη) et (καὶ) des maisons, la voix (acc.) du tonnerre (βροντή) et l'ombre (acc.) des nues, le tonnerre et les nues (acc.).

---

§ 21-22.

QUESTIONNAIRE.

Les noms masculins de la première déclinaison ont-ils, comme les noms féminins, des radicaux en α pur et en α non pur?

Que devient l'α à tous les cas du singulier, dans les noms masculins en α non pur?

Les noms masculins prennent-ils une désinence au nominatif singulier?

Comment font-ils au vocatif et au génitif singulier?

Pourquoi πολίτης, dont le radical est πολιτα, fait-il πολίτης et non πολίτας au nominatif singulier?

La déclinaison du pluriel est-elle la même pour tous les noms, soit masculins, soit féminins?

EXERCICE.

O solitaire, au solitaire, du solitaire. Le questeur (acc.), des questeurs, aux questeurs. O pilote, au disciple du poëte, aux disciples des poëtes, les disciples (nomin.), aux poëtes, la voix du juge (δικαστής), le laurier (nom.) du soldat (στρατιώτης), aux lauriers des soldats, au soldat, le soldat (acc.), ô soldat.

---

§ 22-24.

QUESTIONNAIRE.

Comment les noms de la deuxième déclinaison sont-ils terminés au radical?

Quelle est au nominatif singulier la désinence des noms masculins et féminins?

Le masculin et le féminin se déclinent-ils de même? Si leur déclinaison est la même, comment peut-on reconnaître leur genre?

Quelle est la désinence des noms neutres au nominatif singulier?

Combien le neutre a-t-il de cas semblables au singulier et au pluriel?

Quels sont les cas qui ont une terminaison commune aux trois genres et aux trois nombres?

La deuxième déclinaison a-t-elle des noms contractes?

EXERCICE.

A la vie (ὁ βίος) de l'homme. La vie (acc.) des hommes. Aux hommes et aux frères. La loi (acc., ὁ νόμος) du Seigneur, ô loi du Seigneur. Le suffrage (acc., ἡ ψῆφος) du peuple, les suffrages des peuples, aux livres de l'esclave (ὁ δοῦλος), à la maladie de la vigne (ἡ ἄμπελος), les arbres (acc.) de l'île. Le livre (acc.) de l'esprit, à l'esprit du neveu (ὁ ἀδελφιδοῦς), ô neveu, les neveux (acc.), les roses (acc.) de la corbeille, ô corbeille, ô corbeilles, les corbeilles (nom. et acc.).

---

§ 24-26.

QUESTIONNAIRE.

Dans la déclinaison attique, que deviennent l'ο final du radical, et l'α du pluriel neutre?

Que fait-on de l'υ et de l'ι? Le vocatif singulier diffère-t-il du nominatif?

Comment λαγώς peut-il faire au génitif singulier λαγώ, au datif pluriel λαγῷς, à l'accusatif pluriel λαγώς? Quel serait le radical de ce mot dans la langue commune?

Tous les substantifs masculins de la deuxième déclinaison conservent-ils le même genre au pluriel?

EXERCICE.

Le peuple (acc.), ô peuples, aux lièvres, les paons (acc.), du lièvre, aux paons, de l'aurore, à l'aurore. l'aurore (acc.), aux os des lièvres, les câbles (acc., ὁ κάλως), des vaisseaux. Les liens (nom.), les aliments (acc.), ô jougs.

---

§ 19-22.

THÈME DE RÉCAPITULATION DE LA PREMIÈRE DÉCLINAISON.

N. B. — Les élèves devront chercher dans le dictionnaire les noms qui ne se trouvent point dans la grammaire ou dans les thèmes précédents, et n'employer que des noms de la première déclinaison.

En grec, comme en latin, l'apposition se met au même cas que le nom auquel elle se rapporte; en grec, comme en latin, le nom qui sert d'attribut à un verbe se met au même cas que le sujet de ce verbe.

Fuis (φεῦγε, acc.), ô jeune homme, le plaisir de l'intempérance. Fuis la mollesse, cause de chagrin. Commande (κατακράτει, gén.) à la faim et à la soif. L'instruction est (ἐστί) un refuge pour le solitaire (datif). Abstiens-toi (ἀπέχου, gén.) du bavardage. Nous admirons (θαυμάζομεν, acc.) l'art du laboureur et la force de l'athlète. Le déshonneur suit (ἕπεται, datif) le brigand. Le maître retient (κατέχει, acc.) la langue du serviteur. O soldats, poursuivez (διώκετε, acc.) le brigand. Les laboureurs coupent (τέμνουσι, acc.) la racine de l'épine. Les matelots sont (εἰσί) amateurs de la mer. La lyre du poëte, bienfaiteur des citoyens, dissipe (λύει, acc.) les soucis. Borée nuit (βλάπτει, acc.) aux matelots. La prudence convient (πρέπει, dat.) au pilote. Le cœur est rongé (δάκνεται, dat.) par les soucis. Le maître a soin (ἐπιμελεῖται, gén.) du serviteur.

---

§ 22-26.

THÈME DE RÉCAPITULATION SUR LA DEUXIÈME DÉCLINAISON.

N. B. — Même observation que pour le thème précédent. Toutefois, les élèves pourront se servir des noms de la première déclinaison à défaut des noms de la deuxième.

Remarque : Après un nominatif pluriel neutre, le verbe, en grec, se met ordinairement au pluriel.

THÈME.

O homme, fréquente (ὁμίλει, dat.) les temples des dieux. Le soleil éclaire (αὐγάζει, acc.) le ciel, ouvrage de Dieu, et mûrit (πεπαίνει, acc.) les fruits du jardin. Le vent de l'automne disperse (διασπείρει, acc.) les feuilles de la vigne. Le langage est l'image de l'âme. Les brebis suivent (ἕπεται, dat.) le courant du fleuve. Le jardinier cultive (θεραπεύει, acc.) la rose, ornement de la jeune fille. Apporte (φέρε, acc.), ô esclave, le vin au jeune homme. Les sables nuisent (λυμαίνονται, dat.) à l'Égypte, présent du Nil. Les aigles épient (ἐνεδρεύουσι, acc.) les lièvres. Procure (πάρεχε, acc.), ô pilote, le bonheur de la navigation aux matelots. Les pommes de l'arbre sont abattues (καταβάλλεται) par le vent (dat.). Les nuées obscurcissent (σκοτίζουσι, acc.) l'éclat du temple.

---

§ 26-29.

QUESTIONNAIRE.

La troisième déclinaison est-elle parisyllabique?

Est-elle terminée au radical par d'autres finales que la première et la deuxième déclinaison?

A quel cas le radical est-il le plus apparent?

Quelle est la désinence du génitif?

Les noms masculins et féminins se déclinent-ils de la même manière?

Nominatif singulier.

Quelle est, au nominatif, la désinence des noms masculins et féminins?

Quand le nominatif se termine-t-il par φ ou ξ?

Que deviennent les dentales devant la désinence ς?

Les noms dont le radical est terminé par un ρ prennent-ils la désinence ς au nominatif?

Quand et pourquoi ce radical subit-il une altération à ce cas?

Les noms dont le radical est terminé en ν, ντ, νθ, prennent-ils toujours la désinence ς?

Si le ς subsiste, que deviennent ces consonnes? En quoi se changent εν, εντ, οντ?

Si le ς disparaît, que deviennent les finales εν, ον, οντ?

Les noms neutres prennent-ils une désinence au nominatif singulier?

Quelles sont les altérations que le radical subit à ce cas?

Quels sont les cas dont les désinences sont communes à tous les noms, quel qu'en soit le genre?

---

§ 26-29.

EXERCICE.

Quelle est la désinence du génitif νέοτητος?

Comment feront, au nominatif singulier, les génitifs masculins et féminins suivants : ἐλπίδος (espérance), ἐσθῆτος (vêtement), φλεβός (veine), αἰγός (chèvre), φύλακος (gardien), ὄρνιθος (oiseau), δαίμονος (génie), δελφῖνος (dauphin), ἀστέρος (astre), ἐλέφαντος (éléphant)?

Du génitif ὄντος (étant) former le nominatif masculin singulier, sans la désinence ς.

Du génitif θέντος (ayant posé), former le nom. masc. sing., avec la désinence ς.

Pourquoi, des deux génitifs κτενός et ποιμένος, l'un change-t-il εν en η, et l'autre en ει au nom. sing.?

Comment feront au nomin. sing. les génitifs neutres suivants :

Ἅρματος (char), μέλιτος (miel), ἤτορος (cœur) ?

QUESTIONNAIRE.

Vocatif singulier.

Quand le vocatif masculin et féminin est-il généralement semblable au nominatif?

Quand en diffère-t-il?

Pourquoi ὁ μήν (mois), gén. μηνός, fait-il μήν au vocatif?

Pourquoi ὁ γύψ (vautour) fait-il γύψ au vocatif?

Pourquoi ἡ χελιδών (hirondelle), gén. χελιδόνος, fait-il χελιδόν au vocatif?

Accusatif singulier.

Les substantifs masculins et féminins ont-ils tous l'accusatif singulier terminé en α?

Quels sont ceux qui remplacent α par ν?

Pourquoi κόρυς (casque), gén. κόρυθος, peut-il faire à l'accusatif κόρυν, tandis que χλαμύς (chlamyde), gén. χλαμύδος, fait toujours χλαμύδα?

Datif pluriel.

Quelle est, à la 3e déclinaison, la désinence du datif pluriel?

Cette désinence produit-elle en général les mêmes effets que la désinence ς du nom?

Que deviennent les labiales combinées avec σι?

Que deviennent les gutturales combinées avec cette même désinence?

Les dentales tombent-elles devant σι?

Y a-t-il des exceptions? Le ν tombe-t-il toujours au datif pluriel?

La suppression de cette consonne et celle du δ entraînent-elles l'allongement de la voyelle du radical?

Que devient ντ devant σι?

En quoi se changent, devant cette même désinence, εντ et οντ?

Comment χαρίεις (gracieux), gén. χαρίεντος, fait-il au datif pluriel?

EXERCICE.

Mettre au datif pluriel les génitifs singuliers suivants :

κατήλιφος,	grenier.	φλεβός,	veine.	σώματος,	corps.
ἄνακτος,	prince.	ψιχός,	miette.	φλογός,	flamme.
λαμπάδος,	lampe.	ὄρνιθος,	oiseau.	γυπός,	vautour.

Ἕλληνος,	Grec.	ἀνδριάντος,	statue.
ποιμένος,	berger.	λύσαντος,	ayant délié.
ἀηδόνος,	rossignol.	παντός,	tout.

λυθέντος, ayant été délié.
ὀδόντος, dent.
λέοντος, lion.

Pourquoi le génitif γέροντος, dont le radical est terminé en οντ, fait-il au nom. sing. γέρων et au dat. plur. γέρουσι?

Pourquoi χαρίεντος, dont le radical est terminé en εντ, fait-il au nom. sing. χαρίεις et au dat. plur. χαρίεσι?

EXERCICE SUR LES DIFFÉRENTS CAS DE LA TROISIÈME DÉCLINAISON.

N. B. — Les noms employés dans cet exercice sont tous empruntés à la Grammaire (§ 26-29).

L'animal sauvage (acc.), aux animaux sauvages; les orateurs (acc.); aux larmes; ô Sauveur, au Sauveur; du berger, aux bergers, le berger (acc.); les veines (acc.), ô veines, à la veine de l'Éthiopien; aux vêtements, au vêtement et au casque du général; la dent (acc.) du lion; aux lions du char; le nez, au nez du géant, ô géant, aux géants; au fouet du gardien; les flambeaux (nom. et acc.) de la nuit; le peigne (acc.), aux peignes des bergers; aux combats, les combats (acc.) des géants et des Grecs; à l'appât, aux appâts des animaux sauvages; la lumière et la flamme (acc.), à la flamme et à la lumière de la torche; au lait, le lait et la corne (acc.) des chèvres; le corps (nom.), aux corps, les corps (acc.) des cigales et des rossignols.

---

§ 26-29.

THÈME DE RÉCAPITULATION SUR LA TROISIÈME DÉCLINAISON.

N. B. — Les élèves devront chercher dans le dictionnaire les noms qui ne se trouvent pas dans la grammaire et employer de préférence les substantifs non contractes de la troisième déclinaison. Mêmes remarques que pour les thèmes de la première et de la deuxième déclinaison.

L'eau du puits a éteint (ἔσϐεσε, acc.) la flamme des torches. Les dents du lion briseront (κατάξουσι, acc.) la lance du général. Les bergers font usage (χρῶνται, dat.) du lait de la chèvre. Les vautours menacent (ἔγκεινται, dat.) les rossignols, oiseaux du voisin. L'esprit du prince est tourmenté (τείρεται, dat.) par les soucis. Les Grecs offraient (προσέφερον, acc.) des coupes de lait aux étrangers. Nous sommes émus (κινούμεθα, dat.) par les larmes des enfants. O prince, fuyez (φεῦγε, acc.) les flatteurs. Nous aimons (χαίρομεν, dat.) les rayons du soleil. O bergers, suivez (ἕπεσθε, dat.) la lyre, présent d'Apollon. Les éléphants épient (ἐνεδρεύουσι, acc.) le géant, témoin des luttes. L'espérance est (ἐστί) la consolation des fugitifs. J'ai vu (εἶδον, acc.) les casques des généraux et les cuirasses des gardiens. Les poëtes secondent (συλλαμϐάνουσι, dat.) les orateurs de la patrie. Nous savons (ἴσμεν, acc.) les noms des mois. Les poëmes plaisaient (ἤρεσκε, dat.) aux Grecs. Les chèvres du berger ont été dévorées (κατεϐρώθησαν, dat.) par les renards, bêtes sauvages. Dieu a donné (ἔνειμε, acc.) à la jeunesse l'espérance, aux lions des dents, aux éléphants des pieds, aux chèvres des cornes, aux vautours des serres, à la flamme des rayons.

---

§ 29-31.

Noms à radicaux en ι et en υ.

QUESTIONNAIRE.

La troisième déclinaison a-t-elle des noms contractes?

Quand ces noms se contractent-ils?

A quels cas l'ι et l'υ du radical se changent-ils en ε?

Quand cet ε se contracte-t-il? Le vocatif ressemble-t-il au nominatif?

Quelle est la désinence du génitif singulier et de l'accusatif singulier?

Comment se contractent les noms neutres aux trois cas semblables?

Les noms masculins et féminins n'ont-ils pas, eux aussi, trois cas semblables au pluriel?

Les noms dont le radical est terminé en υ changent-ils tous υ en ε, et se contractent-ils à tous les nombres?

EXERCICE.

De l'action (πρᾶξις), l'action (acc.), les actions (acc.), ô actions, aux actions,

Vieillard (acc.) (πρέσϐυς, sur πέλεκυς). O vieillard, ô vieillards, les vieillards (acc.), des vieillards, aux vieillards.

Au chêne (δρῦς sur ἰχθύς), ô chêne, les chênes (nom. et acc.), du chêne, des chênes.

La vue (acc.) de la ville et du devin; la coudée (acc.); à la ville des devins, aux devins des villes, à la ville.

Mettre aux trois cas semblables du pluriel les noms suivants :

Les villes (ἄστυ et πόλις), les cadavres, les devins, les coudées.

---

§ 31-33.

Noms à radical terminé en ο.

QUESTIONNAIRE.

Ces noms prennent-ils tous la désinence ς au nominatif?

Se contractent-ils à tous les nombres?

Quelle déclinaison suivent-ils au pluriel et au duel ?
Quelle est la terminaison du vocatif singulier ?

EXERCICE.

O aurore, l'aurore (acc.), de l'aurore ; à la persuasion, la persuasion (nomin.). Quel est le radical de αἰδώς et de ἠχώ ?

Noms à radical terminé par la diphthongue ευ.

QUESTIONNAIRE.

Quel est le radical de βασιλεύς ?
A quels cas le trouve-t-on sans altération ?
Le vocatif singulier ressemble-t-il au nominatif ?
Que devient l'υ aux cas autres que le vocatif singulier et le datif pluriel ?
Quels sont les cas susceptibles de contraction ?
Quelles sont les ressemblances et les différences qui existent entre cette déclinaison et celle des noms à radical terminé en ι et en υ ?

EXERCICE.

O coureur (δρομεύς), le coureur (acc.), du coureur, aux coureurs.

A l'écrivain (συγγραφεύς), aux écrivains, les écrivains (acc.), des écrivains.

Mettre κεραμεύς (potier) aux trois cas semblables du pluriel.

Au meurtrier du cavalier, le meurtrier (acc.) des cavaliers ; les prêtres (acc.), arbitres de la ville ; ô arbitres, aux arbitres des écrivains.

---

§ 30-33.

THÈME DE RÉCAPITULATION SUR LES NOMS CONTRACTES.

N. B. — Les élèves devront, autant que possible, employer des noms contractes qui se rapportent aux déclinaisons comprises entre le § 30 et le § 33.

Les meurtriers du prince redoutent (φοβοῦνται, acc.) la vue de la hache. Les vieillards de la ville portent envie aux (φθονοῦσι, dat.) rois, pasteurs des peuples. Les racines du chêne sont endommagées par (βλάπτονται, dat.) les rats et les vers. Le pasteur des brebis mange (ἐσθίει, acc.) une grappe de raisin, auprès du (παρά, dat.) pin. Les poissons évitent (φεύγουσι, acc.) les filets des pêcheurs. Les prières du prêtre devancent (προλαμβάνουσι, acc.) le lever de l'aurore. O jeune homme, cède (εἶκε, dat.) à la persuasion. Nous honorons (τιμῶμεν, acc.) la pudeur des enfants. Les parents (père et mère) de l'historien attendent (ἐπιμένουσι, acc.) la décision des arbitres. Le spectacle de la nature montre (δηλοῖ, acc.) la puissance de la divinité. Les ouvrages du potier sont (ἐστί) un ornement et plaisent (ἀρέσκει) à la vue. Nous blâmons (ψέγομεν, acc.) les injures du cavalier.

---

§ 33-35.

Noms à radicaux en ατ.

QUESTIONNAIRE.

Comment sont terminés au nomin. sing. les noms dont le radical est en ατ?

De quel genre sont-ils?

Que devient le τ?

Sa suppression donne-t-elle lieu à des contractions?

Comment est terminé le génitif?

EXERCICE.

A la chair, aux chairs; du prodige; aux récompenses de la vieillesse; les prodiges (acc.) des chairs.

Noms à radicaux en ες.

QUESTIONNAIRE.

Que devient le radical au nomin. sing. des noms masculins et féminins?

Le vocatif ressemble-t-il au nominatif?

Ces noms ont-ils trois cas semblables au pluriel?

Que devient le radical εσ aux trois cas semblables du singulier?

Que devient à tous les genres et à tous les nombres le σ du radical devant une voyelle et la désinence σι?

Les noms propres dont le nomin. est en ης, peuvent-ils faire aussi l'acc. sing. en ην, comme les noms masculins de la première déclinaison?

EXERCICE.

Quel est le radical de διήρης (birème)? O birème, la birème (acc.), les birèmes (acc. et nom.), aux birèmes; Socrate (acc.), ô Socrate.

Quel est le radical de μέγεθος (grandeur)?

A la grandeur de la birème; aux habitudes (ἔθος) de Diogène (Διογενής); à Mars (Ἄρης), Mars (acc.); à la beauté (κάλλος) de Mars (1); les fleurs (ἄνθος, acc.) de la montagne (ὄρος), à la fleur, aux fleurs des montagnes; ô fin (τέλος) de l'année (ἔτος), à la fin des années.

Comment reconnaît-on qu'un nom terminé en ος au

(1) N. B. — Ἄρης, par exception, fait au génitif Ἄρεος, sans contraction.

nomin. sing. appartient à la troisième déclinaison et non à la deuxième?

§ 35-36.

Noms à radicaux en ερ.

QUESTIONNAIRE.

Quel est le nominatif des noms dont le radical est terminé en ερ?

Pourquoi l'ε du radical se change-t-il en η à ce cas?

Le vocatif singulier ressemble-t-il au nominatif?

Comment se termine le datif pluriel?

Quels sont les cas de πατήρ qui rejettent l'ε?

Y a-t-il des noms qui rejettent cet ε à d'autres cas?

Dans le mot ἀνήρ, que devient l'ε à tous les cas autres que le nominatif et le vocatif singulier?

EXERCICE.

Comment fait μήτηρ au vocatif singulier et pluriel? Donner les deux formes possibles de θυγάτηρ à l'accusatif singulier et pluriel. Peut-on dire indifféremment au nominatif pluriel θυγατέρες et θύγατρες?

Le ventre (acc.); ô jeune fille, à la mère de la jeune fille, aux mères des hommes et des jeunes filles; aux hommes, l'homme (acc.), les hommes (acc.), ô hommes.

§ 36-38.

Noms à radicaux en αυ et en ου.

QUESTIONNAIRE.

Dans ces noms, comme dans βασιλεύς, la voyelle ο du radical disparaît-elle devant les désinences qui commencent par une voyelle?

Les désinences sont-elles les mêmes que celles d'ἰχθύς, et les contractions ont-elles lieu aux mêmes cas?

En quoi les désinences de ναῦς diffèrent-elles de celles de γραῦς?

L'accusatif pluriel se contracte-t-il comme celui de γραῦς et de βοῦς?

Le datif pluriel de ces trois noms est-il régulier?

Le vocatif singulier ressemble-t-il au nominatif?

Que devient l'α du radical devant les voyelles brèves?

Que devient-il devant les voyelles longues et les diphthongues?

Comment du radical ναυ arrive-t-on au génitif νεώς et à l'accusatif pluriel ναῦς?

N'y a-t-il point quelques noms dans lesquels le radical subit une grave altération au nominatif singulier?

EXERCICE.

La vieille (acc.), les vieilles (acc.), ô vieille; aux bœufs, du bœuf, ô bœufs; les vaisseaux (acc.), aux vaisseaux, au vaisseau, du vaisseau, des vaisseaux.

Quel est le radical des nominatifs suivants : γυνή, κύων, δόρυ, ὕδωρ?

---

§ 26-38.

THÈME DE RÉCAPITULATION SUR LA TROISIÈME DÉCLINAISON.

N. B. — Mêmes observations que pour les thèmes précédents. Les élèves devront se servir de préférence des noms qui se trouvent dans la grammaire ou les thèmes déjà faits. A défaut de ces noms, ils choisiront, autant que possible, dans le dictionnaire, ceux qui appartiennent à la troisième déclinaison.

Les bœufs du berger frappaient (ἔπαιον, acc.) avec les cornes (dat.) les chiens de la vieille femme. Les héros combattaient pour (ἐμάχοντο ὑπὲρ, gén.) les pères, les mères et les filles. Nous supportons (φέρομεν, acc.) le poids de la vieillesse. Les récompenses plaisent (ἀρέσκει, dat.) aux enfants et aux femmes. Proserpine était (ἦν) fille de Cérès et épouse de Pluton, roi des enfers. Les guêpes piqueront (κεντήσουσι, acc.) la tête et les oreilles du chien. Évitez (φεύγετε, acc.) les dents des chiens et les griffes des tigres. Les matelots du roi mesuraient (ἐμέτρουν, acc.) la hauteur du vaisseau à trois rangs de rames. Les Gaulois faisaient usage (ἐχρῶντο, dat.) de viandes et de lait au lieu de (ἀντὶ, gén.) d'eau. Dans (ἐν, dat.) les prairies, les abeilles cherchent (ζητοῦσι, acc.) les fleurs du printemps et de l'été. Dans les vallées, les chiens suivent (διώκουσι, acc.) les traces des lièvres. Les devins interprètent (ἑρμηνεύουσι, acc.) la nature et les prodiges, avertissement de Jupiter. Les genoux du héros ont été blessés par (ἐτρώθη, dat.) le bois de la lance.

---

§ 18-38.

Le duel.

N. B. — Le duel étant peu usité et remplacé le plus souvent par le pluriel, nous avons cru devoir renvoyer à la fin de la déclinaison des substantifs les questions et exercices relatifs à ce nombre. Ces exercices sur le duel deviennent ainsi pour les élèves un moyen de révision des trois déclinaisons.

QUESTIONNAIRE.

Quelles sont les désinences du duel à l'article masc. et neutre?

Sont-elles les mêmes à l'article féminin?

Les trois déclinaisons ont-elles chacune au duel des désinences particulières?

Quelles sont les désinences de la première, de la deuxième et de la troisième déclinaison?

Ces désinences sont-elles susceptibles de contraction ?

Quels sont les cas semblables ?

EXERCICE.

Mettre aux trois cas semblables du duel les noms suivants : ἡ τράπεζα (table), τὸ ὄνομα (nom), ὁ λεώς (peuple), ἡ δρόσος (rosée), τὸ δεῖπνον (dîner), ὁ ἀδελφιδοῦς (neveu), ὁ τοξότης (archer), ἡ ἔρις, gén. ἔριδος (querelle), ὁ δοῦλος (esclave), ὁ ἱμάς, gén. ἱμάντος (courroie).

Mettre aux deux cas semblables du duel les noms suivants : ὁ πῆχυς, τὸ γέρας, ὁ ἱππεύς, ὁ μάντις, ὁ μῦς, gén. μυός (le rat), τὸ γένος, ἡ διήρης, gén. διήρους (birème), ἡ γαστήρ.

Traduire, en employant, autant que possible, les noms de la grammaire, les cas suivants du duel :

Des deux femmes, aux deux oreilles, les deux genoux, les deux mères, aux deux filles, les deux voix, aux deux muses, de deux artisans, deux oiseleurs, les deux îles, des deux montagnes, ô deux montagnes, des deux galères, les deux prodiges, les deux échos, des deux meurtriers, les deux cadavres, les deux arbres, ô deux frères, les deux flux, aux deux généraux, des deux paons, les deux oiseaux, des deux corps, aux deux devins, des deux chênes, les deux rossignols.

---

§ 19-38.

THÈME DE RÉCAPITULATION SUR TOUTES LES DÉCLINAISONS.

N. B. — Les élèves pourront employer indifféremment toute espèce de substantifs.

Les rois sont (εἰσί) l'image de Dieu. J'ajoute (προστίθημι, acc.) les fleurs du printemps aux fruits de l'été et de l'automne. Les rayons du soleil charment (τέρπουσι, acc.) les yeux, et les ténèbres de la nuit plaisent (ἀρέσκει, dat.) aux bêtes sauvages. Le voyageur cherche (ζητεῖ, acc.) l'ombre des arbres. Les lauriers, emblème de la victoire, ombragent (ἐπισκιάζουσι, acc.) le front du prince. Les épées des guerriers sont (ἐστί) le rempart de l'État. Les princes ne sont pas ennemis des (οὐκ εἰσὶν ἐχθροί, dat.) flatteurs. Les exemples des vieillards sont utiles aux (λυσιτελεῖ, dat.) jeunes gens). Sois (ἴσθι) bienveillant pour (εὐμενής, dat.) les pauvres. Après (μετὰ, acc.) la traversée, j'ai rencontré (ἐνέτυχον, dat.) le père du prêtre. Les poëtes et les philosophes ont obtenu (ἔτυχον, gén.) des récompenses. Le soc de la charrue brisera (ῥήξει, acc.) les épées des soldats. La nature a donné (δέδωκε, acc.) la force aux lions, des cornes aux chèvres, des aiguillons aux abeilles, et des dents aux chiens. J'ai reçu (ἔλαβον, acc.) deux lettres (duel) de (παρά, gén.) deux mères (duel). J'ai cueilli (συνέλεξα, acc.) deux roses (duel) dans (ἐν, dat.) le jardin de deux solitaires (duel).

---

§ 19-38.

QUESTIONNAIRE.

Récapitulation des trois déclinaisons.

Combien y a-t-il de déclinaisons en grec?

Comment sont terminés au radical les noms de la première déclinaison?

Quand l'α du radical se change-t-il en η au génitif et au datif singulier?

Quand se change-t-il en η à tous les cas du singulier?

De quel genre sont les noms de la première déclinaison?

Les noms masculins prennent-ils une désinence au nominatif singulier?

Comment sont-ils tous terminés au vocatif et au génitif singulier?

Les noms de la première déclinaison se déclinent-ils tous de la même manière au pluriel?

Comment sont terminés au radical les noms de la deuxième déclinaison?

Quels sont ceux qui prennent au nomin. sing. la désinence ς?

Quelle est à ce même cas la désinence des noms neutres?

Le masculin et le féminin se déclinent-ils de la même manière?

Combien le neutre a-t-il de cas semblables?

Quelles sont les règles de la déclinaison attique?

Qu'entend-on par déclinaison parisyllabique?

Quelles sont les déclinaisons parisyllabiques?

La troisième déclinaison est-elle parisyllabique?

A quelle déclinaison appartiennent les noms dont le radical n'est terminé ni par un α, ni par un ο?

A quel cas se trouve le radical des noms de la troisième déclinaison?

Quelle est la désinence du génitif singulier et du datif pluriel?

Quelle désinence prennent au nominatif singulier les noms masculins et féminins?

Cette désinence subsiste-t-elle toujours?

Quel changement se produit parfois au nominatif singulier par la suppression de cette désinence?

Lorsqu'elle subsiste, quelles sont les diverses combinaisons qu'elle amène?

Que deviennent β, π, φ, au nominatif singulier, devant la désinence ς ?

Que deviennent γ, κ, χ, devant cette même consonne?

Les dentales restent-elles devant ς?

Quand le nominatif singulier se termine-t-il en εις, ους, et en ων?

Les noms neutres prennent-ils une désinence au nominatif singulier?

Au datif pluriel, la désinence σι produit-elle à peu près les mêmes combinaisons que la désinence ς au nominatif?

Les désinences de la troisième déclinaison sont-elles les mêmes que celles de la première et de la deuxième déclinaison?

Les trois déclinaisons ont-elles chacune des noms contractes ?

Dans les noms contractes de la troisième déclinaison, que deviennent l'ι final du radical, et l'υ final de la diphthongue ευ ?

Que devient le ς du nominatif dans les noms dont le radical est terminé en εσ?

De quel genre peuvent être ces derniers noms?

Combien les noms contractes, quel que soit leur genre, ont-ils de cas semblables au pluriel?

A quelle déclinaison appartiennent les duels en α; αιν?

A quel cas les duels de la deuxième déclinaison diffèrent-ils de ceux de la troisième déclinaison?

A quel cas ces duels se ressemblent-ils?

CHAPITRE IV.

§ 38-42.

Adjectifs qualificatifs, première classe.

QUESTIONNAIRE.

Combien y a-t-il de classes d'adjectifs?

A quelles déclinaisons répondent les adjectifs de la première classe?

Quelle est la finale du radical au masculin et au neutre?

Sur quels noms se déclinent ces deux nombres?

Quelle est la finale primitive du radical au féminin?

Quand la finale α se change-t-elle en η?

Sur quels noms se déclinent les adjectifs terminés au radical par α ou par η?

Certains adjectifs n'ont-ils point au féminin la même terminaison qu'au masculin, comme les noms de la deuxième déclinaison?

Quels sont particulièrement ces adjectifs?

EXERCICE.

Quel est au féminin le radical de βέβαιος?

Pourquoi l'α final reste-t-il?

Quel est au féminin le radical primitif de κακός?

Pourquoi l'α final est-il changé en η au singulier?

Pourquoi dans ἀθάνατος le masculin et le féminin ont-ils la même terminaison?

En est-il de même de tous les adjectifs dérivés et composés?

§ 38-42.

THÈME SUR LES ADJECTIFS DE LA PREMIÈRE CLASSE.

N. B. — Les élèves pourront se servir indifféremment de noms de la première, deuxième ou troisième déclinaison, mais ils ne devront employer que des adjectifs de la première classe empruntés soit à la grammaire, soit au dictionnaire. Les participes terminés en μενος, η, ον, sont assimilés aux adjectifs et en suivent la déclinaison.

En grec comme en latin, l'adjectif s'accorde en genre, en nombre et en cas avec le substantif auquel il se rapporte.

Le chemin de la vie est (ἐστί) pénible. Une mer tranquille est utile aux longues navigations. La Sicile est une île populeuse. L'élégante jeunesse aime (χαίρει, datif) une belle parure. La maison que l'on bâtit (*tournez :* la maison étant bâtie οἰκοδομούμενος, η, ον) est petite. Les poëtes célèbrent (ᾄδουσι, acc.) la sainte pudeur de deux vierges illustres. O royal devin, tu obtiendras (τεύξῃ, gén.) un honneur divin. Une gloire éternelle attend (μένει, acc.) la vertu austère. Les rayons du soleil font éclore (ἀνοίγουσι, acc.) les belles fleurs du printemps. Des peines éternelles sont réservées (πρόκεινται, dat.) aux rois injustes. Une terre bien cultivée (εὖ εἰργασμένος, η, ον) fournit (παρέχει, acc.) des fruits abondants aux laboureurs laborieux. Il est (ἐστί) d'un mauvais naturel (d'être esclave, δουλεύειν, dat.) des passions honteuses. Les bonnes mœurs (τὸ ἦθος) font (ποιεῖ, acc.) les bons citoyens.

---

§ 42-44.

Adjectifs qualificatifs, deuxième classe.

QUESTIONNAIRE.

Quelle déclinaison suivent les adjectifs de la deuxième classe ?

Ont-ils toujours le masculin et le féminin semblables à tous les cas?

A quels cas le neutre a-t-il une terminaison distincte?

Pourquoi le radical εὐδαιμον est-il terminé en ων au nominatif singulier masculin et féminin, et en ον au nominatif singulier neutre?

A quel cas trouve-t-on sans altération le radical de ces adjectifs?

Pourquoi le ν final du radical εὐδαιμον a-t-il disparu au datif pluriel εὐδαίμοσι?

Pourquoi le radical εὐχάριτ, fait-il εὔχαρις au nominatif singulier masculin et féminin et εὔχαρι au nominatif singulier neutre?

Que devient le τ final devant la désinence σι du datif pluriel?

La deuxième classe a-t-elle des adjectifs contractes?

Comment sont-ils terminés au radical?

Quel est le nom dont ils suivent la déclinaison au masculin et au féminin?

Sur quel nom se déclinent-ils au neutre?

L'ε du radical se change-t-il en ο, aux trois cas semblables du singulier neutre, comme dans τεῖχος?

Le masculin et le féminin n'ont-ils pas, eux aussi, trois cas semblables au pluriel?

Pourquoi le radical εὐγενές fait-il εὐγενής au nominatif masculin et féminin, et εὐγενές au nominatif neutre?

---

§ 42-44.

THÈME SUR LES ADJECTIFS DE LA DEUXIÈME CLASSE.

N. B. — Les élèves devront employer de préférence les adjectifs qui se trouvent dans la grammaire.

Les maîtres louent (ἐπαινοῦσι, acc.) les élèves sensés et

studieux (φιλομαθής). Les soldats obéissent (πείθονται, dat.) à la voix mâle du général altier (ἐριαυχήν, gén. ενος). Les mets (τὰ σιτία) somptueux (πολυτελής) sont (ἐστί) un danger pour les estomacs (dat.) faibles (ἀσθενής). Nous plaignons (ὀδυρόμεθα, acc.) la destinée (ἡ μοῖρα) malheureuse (δυστυχής) de la jeune fille privée de son père. Le blâme suit (ἕπεται, dat.) les discours mensongers. La vérité est désagréable (ἀηδής) aux insensés. Le mensonge (τὸ ψεῦδος) est bienvenu auprès du (προσηνής, dat.) fanfaron (ἀλαζών). Nous nous réjouissons (ἡδόμεθα, dat.) de la beauté de deux visages gracieux. O Père miséricordieux (ἐλεήμων), pardonne (σύγγνωθι, dat.) aux enfants bienveillants (φιλόφρων). Les deux combats déplorables (πολύδακρυς) troubleront (ταράξουσι, acc.) l'âme pieuse des mères bien nées.

---

§ 44-45.

Adjectifs qualificatifs, troisième classe.

QUESTIONNAIRE.

Qu'entend-on par adjectifs mixtes?

Quelle déclinaison suivent-ils au masculin et au féminin?

Où trouve-t-on le radical de ces adjectifs, et comment est-il terminé?

Comment, du radical ταλαν, forme-t-on le nominatif masculin τάλας ?

Comment, du radical λυσαντ, forme-t-on le nominatif masculin λύσας et le nominatif neutre λῦσαν?

Comment, du radical χαριεντ, forme-t-on le nominatif masculin χαρίεις; du radical διδοντ, le nominatif masculin διδούς ?

Pourquoi le radical ἀκοντ fait-il au nominatif masculin ἄκων et non ἀκούς?

Ces règles sont-elles conformes à celles qui ont été données pour la formation du nominatif singulier à la troisième déclinaison des substantifs?

Quelle est la désinence des adjectifs mixtes au nominatif féminin singulier? Comment se décline ce féminin?

Quelle est la voyelle que les adjectifs à radical en ν prennent partout au féminin avant cette consonne?

Quelle est la consonne que les adjectifs à radical en ντ prennent partout au féminin après la suppression de ces deux consonnes?

Les datifs pluriels, masculins et neutres, des adjectifs mixtes se forment-ils de la même manière que ceux de la troisième déclinaison?

Comment feront au nominatif singulier masculin, féminin et neutre, les génitifs suivants : ἄκοντος, δόντος, θέντος, στήσαντος?

Comment ces mêmes génitifs feront-ils au datif pluriel, masculin et neutre?

En quoi le nominatif singulier féminin χαρίεσσα et le datif pluriel masculin et neutre χαρίεσι font-ils exception à la règle générale?

---

§ 44-45.

THÈME SUR LES ADJECTIFS DE LA TROISIÈME CLASSE.

N. B. — Les élèves devront se servir de préférence des adjectifs mixtes qui se trouvent dans la grammaire.

Les noirs corbeaux ne font pas entendre (οὐχ ἱεῖσι, acc.) une voix gracieuse. Tous les Éthiopiens ont (ἔχουσι, acc.) les cheveux noirs, les yeux noirs et le corps noir. Toutes les mères tendres ont pitié (ἐλεοῦσι, gén.) de la malheureuse jeune fille. L'agriculture convient (πρέπει, dat.) à tous les états. Je reçois (δέχομαι, acc.) de longues lettres des (παρά, gén.) amis absents (ἀπών, gén., ἀπόντος). Nous évitons (φεύγομεν, acc.) ceux qui montrent (*tournez :* les montrant (ὁ δεικνὺς, gén., δεικνύντος, acc.) des bêtes féroces. Il redoute (φοβεῖται, acc.) l'audace de ceux qui attellent (*tournez :* des attelant, ὁ ζευγνύς, gén., ύντος, acc.) des lions. Les hommes combattent (μάχονται) malgré eux (ἄκων, gén., ἄκοντος). Pâris emmena (ἀπήγαγε, acc.) Hélène de son plein gré (ἑκών, gén., όντος, acc. féminin singulier). Bienheureux (μάκαρ, gén., μάκαρος) sont (εἰσί) les dieux immortels. Des récompenses sont établies pour (προτίθεται, dat.) tous les jeunes gens qui ont obtenu (*tournez :* les ayant obtenu, ὁ τυχών, gén., τυχόντος) le premier rang (gén.). Nous avons accueilli (ἐδεξάμεθα, acc.) les deux bienfaiteurs, qui ont donné (*tournez :* les ayant donné, ὁ δούς, gén., δόντος) des vêtements (acc.) aux pauvres. Ceux qui ont été instruits (*tournez :* les ayant été instruits, ὁ παιδευθείς, gén., θέντος) savent (ἴσασι, acc.) gré à ceux qui ont instruit (*tournez :* aux ayant instruit, ὁ παιδεύσας, gén., σαντος). Ceux qui s'étaient tenus debout (*tournez :* les s'étant tenus debout, ὁ στάς, gén., στάντος) furent renversés (ἀνετράπησαν).

---

§ 45-47.

Adjectifs contractes de la troisième classe.

QUESTIONNAIRE.

Y a-t-il des adjectifs contractes de la troisième classe ?

Sur quels substantifs se déclinent-ils au masculin et au neutre?

En quoi ἡδύς diffère-t-il de πέλεκυς et ἡδύ de ἄστυ?

Quelle est la terminaison du féminin, et sur quoi se décline-t-il?

Comment le radical βραδυ devient-il βραδύς au nominatif masculin et βραδεῖα au nominatif féminin?

Pourquoi n'a-t-il pas de ς au nominatif singulier neutre?

Le datif pluriel βραδέσι est-il régulier?

Quels sont les cas qui conservent l'υ du radical?

Adjectifs irréguliers.

QUESTIONNAIRE.

Y a-t-il des adjectifs irréguliers?

Quels sont ces adjectifs, et d'où provient leur irrégularité?

Comment font πολύς et μέγας au génitif et à l'accusatif masculin singulier?

Comment fait πρᾶος au nominatif singulier masculin, féminin et neutre?

Sur quoi se décline πραεῖα?

Le singulier admet-il des contractions?

Le pluriel peut-il à certains cas et à certains genres avoir deux terminaisons?

Quelles sont les deux terminaisons de πρᾶος au nominatif masculin pluriel, au datif pluriel masculin et neutre?

§ 45-47.

Adjectifs contractes de la troisième classe et adjectifs irréguliers.

THÈME.

N. B. — Les élèves devront se servir de préférence des adjectifs contractes et irréguliers qui se trouvent dans la grammaire.

Les agréables sons de la lyre charmaient (ἐκήλουν, acc.) les oreilles de beaucoup de héros. J'ai vu (εἶδον, acc.) l'éclair rapide dans (ἐν, dat.) le nuage lent, et l'herbe douce dans (ἐν, dat.) les profondes vallées. Les mauvaises mœurs (ὁ τρόπος) amènent (φέρουσι, acc.) de grands et de nombreux chagrins. Les richesses de Crésus étaient (ἦν) grandes. La guerre a fait périr (διέφθειρε, acc.) une foule nombreuse de soldats. La foudre a brisé (ἀπέαξε, acc.) beaucoup de branches du grand chêne. L'armée a traversé (διεπέρασε, acc.) un grand et large fleuve. Les hommes se plaignent (μέμφονται, acc.) de la courte durée (ὁ χρόνος, acc.) de la vie.

---

§ 44-47.

THÈME DE RÉCAPITULATION SUR LES ADJECTIFS DE LA TROISIÈME ET DE LA QUATRIÈME CLASSE.

N. B. — Les élèves devront se servir, autant que possible, des adjectifs mixtes, contractes et irréguliers qui se trouvent dans la grammaire.

Les Grecs résistaient (ἀνθίσταντο, dat.) à la grande puissance du roi des Perses. Dieu a donné (δέδωκε, acc.) une vie courte, un corps mortel et une âme immortelle à tout homme. La plupart (οἱ πολλοί) des hommes aiment (φιλοῦσι, acc.) le doux et tendre sourire d'un visage gracieux. La conscience d'une bonne action procure (παρέχει, acc.) un sommeil profond et de douces espérances, grande consolation des maux (pour tous les hommes, dat.). Redoutez (φοβεῖσθε, acc.) la pointe aiguë de l'épée. Nous louons (ἐπαινοῦμεν, acc.) ceux qui ont honoré (*tournez :* les ayant honoré, ὁ τιμήσας, gén., σαντος, acc.) le souvenir glorieux des ancêtres par beaucoup de vertus (dat.). Nous méprisons (καταφρονοῦμεν, gén.) ceux qui ont trahi (*tournez :* les ayant trahi, ὁ προδούς, gén., δόντος, acc.) la patrie. De grandes et nombreuses fatigues rendent (ποιοῦσι, acc.) le corps vigoureux. L'écrivain bienveillant pour tous ceux qui ont lu (*tournez :* à tous les ayant lu, ὁ ἀναγνούς, gén., γνόντος, acc.) les livres agréables des poëtes, s'est acquis (ἐκτήσατο, acc.) une grande gloire et beaucoup de richesses. Deux archontes (duel), après avoir établi (*tournez :* ayant établi, στήσας, gén., αντος, acc.) des jeux brillants, décernèrent (ἐνειμάτην, acc.) de nombreuses et illustres récompenses aux vainqueurs.

THÈME DE RÉCAPITULATION SUR TOUTES LES CLASSES D'ADJECTIFS.

N. B. — Les élèves pourront, à leur choix, se servir de toute espèce de substantifs et d'adjectifs.

Les loups malfaisants et affamés parcourent (διατρέχουσι, acc.) les pays déserts, et évitent les villes peuplées. Le silence est (ἐστί) utile à l'étude. La flatterie des courtisans est un poison funeste aux rois. Le plaisir est commun aux vieillards faibles et aux enfants malheureux. Les véritables amitiés sont éternelles. Les bergers timides et négligents étaient étendus auprès (παρέκειντο, dat.) des grands pins. Les jeunes filles modestes cueillent (δρέπονται, acc.) les violettes parfumées, fleur agréable à tous les âges. Les disciples honnêtes et laborieux sont charmés de (ἥδονται, dat.) la société des hommes instruits et vertueux. Je connais (γιγνώσκω, acc.) la patience admirable des mères tendres. Vous contemplerez (θεάσεσθε, acc.) les vastes palais des rois de l'Égypte, les énormes pyramides, monument impérissable du faste des princes. Nous imitons (μιμούμεθα, acc.) les grands exemples des illustres héros. Les rayons brillants du soleil éclairent (αὐγάζουσι, acc.) le feuillage épais du grand chêne. La molle clarté de la lune sourit à (ἐπιμειδιᾷ, dat.) l'herbe fraîche et tendre des deux prairies. Le noble voyageur a rencontré (ἐνέτυχε, dat.) un solitaire qui vivait (*tournez :* vivant, ζῶν, gén. ζῶντος) loin des (πόῤῥω, gén.) hommes insensés. O grand et noble général, abstiens-toi de (ἀπέχου, gén.) tout combat. Des femmes irritées (ὀργισθείς, gén., έντος) ont tué (ἀπέκτειναν, acc.) les deux brigands qui ont dépouillé (*tournez :* les ayant dépouillé, ὁ συλήσας, gén., αντος, acc.) les cadavres des soldats morts (ἀποθανών, gén., οντος).

---

§ 47-48.

Comparatif et superlatif.

QUESTIONNAIRE.

Quelles sont les deux formes de comparatif et de superlatif?

Quels sont les suffixes les plus usités?

Pourquoi le suffixe τερος est-il terminé en α, et le suffixe τατος en η au nominatif féminin singulier?

Comment se forment ces comparatifs et superlatifs?

Quand l'ο du radical s'allonge-t-il en ω devant ces suffixes ?

Que devient ντ devant ces mêmes suffixes dans certains adjectifs ?

Quand la syllabe εσ s'intercale-t-elle entre le radical et ces suffixes?

Quel est le positif de φίλτερος et de παλαίτατος?

EXERCICE.

Former le comparatif et le superlatif des adjectifs suivants : φαῦλος (vil), κόσμιος (élégant), δίκαιος (juste), καθαρός (pur), σαφής (clair), τέρην (tendre), βραδύς (lent), ἄφρων (insensé), ἄνους (sot).

La route plus rude, très-rude (σκληρός) ; la vertu plus digne, très-digne (acc. ἄξιος) ; du sommeil plus agréable, très-agréable (ἡδύς); à l'écolier plus studieux, très-studieux (φιλομαθής); aux devins plus malheureux, très-malheureux (τάλας) ; les corbeaux plus vieux, très-vieux (acc., γεραιός) ; à la vieillesse plus pesante, très-pesante (βαρύς) ; les deux rois plus puissants, très-puissants (δυνατός) ; ô juges plus malveillants, très-malveillants (κακόνους) ; les écrivains plus dépourvus, très-dépourvus de jugement (acc., ἀγνώμων) ; des deux serviteurs plus robustes (ῥωμαλέος) et très-paresseux (νωθής).

---

§ 47-48.

Comparatifs et superlatifs.

QUESTIONNAIRE.

ous les adjectifs dont le nominatif est terminé en υς et en ος, prennent-ils les suffixes τερος, τατος?

Que devient la voyelle finale du radical, υ et ο, devant les suffixes ιων, ιστος ?

Sur quoi se déclinent les comparatifs en ιων et les superlatifs en ιστος?

En quoi la déclinaison de κακίων diffère-t-elle de celle d'εὐδαίμων?

Quel est le cas qui se contracte au singulier?

Quels sont les cas qui se contractent et se ressemblent au pluriel ?

Quelle est la consonne dont la suppression amène ces contractions ?

A quels cas peut appartenir la terminaison en ω et en ους?

Certains adjectifs ne subissent-ils pas au comparatif une profonde altération du radical ?

Quel est le positif de μείζων et de θάσσων?

EXERCICE.

Les chevaux plus rapides (nomin. et acc. ὠκύς) ; ô chevaux très-lents (βραδύς); la ville (ἡ πόλις) plus grande (acc. μέγας); les récompenses plus grandes (nomin. et acc.) ; de l'armée nombreuse, plus nombreuse, très-nombreuse (πολύς, πλείων, πλεῖστος); aux espérances belles, plus belles, très-belles (καλός, καλλίων, κάλλιστος); les deux frères ennemis, plus ennemis, très-ennemis (ἐχθρός, ἐχθίων, ἔχθιστος) ; des deux enfants plus nombreux et très-forts (κράτιστος) ; les lions plus grands et plus forts (nomin. et acc. κρείσσων) ; les avantages plus nombreux et plus grands (nomin. et acc.); des deux renards rapides, plus rapides. très-rapides (ταχύς).

THÈME DE RÉCAPITULATION SUR LES COMPARATIFS ET SUPERLATIFS.

N. B. — En grec comme en latin, le *que* français qui suit un comparatif se traduit de deux manières : 1° ou il se rend par ἤ et le même cas après que devant; 2° ou il se supprime, et le nom qui suit se met au génitif.

Lorsqu'il se trouve entre deux adjectifs dont le premier est un comparatif en un seul mot, il se traduit par ἤ, et l'adjectif qui suit se met pareillement au comparatif.

Quelques adjectifs n'ont en grec ni comparatif ni superlatif : alors *plus* se traduit par μᾶλλον, *que* par ἤ ou le génitif, *très* par μάλα, *le plus* par μάλιστα, et le nom qui suit se met au génitif.

Certains adjectifs prennent à la fois les deux suffixes du comparatif et du superlatif. Les élèves pourront se servir indifféremment de l'une ou l'autre forme, qu'ils trouveront dans les dictionnaires. Ils devront chercher eux-mêmes les adjectifs dont nous ne donnons pas ici la traduction.

La sagesse est plus précieuse (τίμιος) que la richesse. Le régime des Lacédémoniens était très-simple (ἁπλοῦς). La destinée est plus forte (δυνατός) que toute prévoyance. Les vieillards sont (εἰσί) les plus sensés (ἔμφρων) des conseillers. Le tigre est plus cruel que le lion. Les Athéniens envoyèrent (ἔπεμψαν, acc.) un général plus hardi (θρασύς) qu'habile (ἔμπειρος). J'ai interrogé (ἠρώτησα, acc.) des historiens plus savants (ἐπιστήμων, sans compar.) que modestes. Nous nous servons (χρώμεθα, dat.) de plus de livres que les anciens. Beaucoup de fleurs ont (ἔχει, acc.) une odeur très-agréable (ἡδύς). Vénus était (ἦν) la plus gracieuse (χαρίεις) de toutes les déesses. Les routes les plus droites (εὐθύς) sont (εἰσί) les plus sûres. Cet (οὗτος ὁ) élève sera (ἔσται) très-bienveillant (εὐγνώμων, sans superlatif), le plus bienveillant de tous. Rien n' (οὐδέν, neutre) est plus précieux (τιμήεις, sans comparatif) que la vertu. L'agriculture est le plus précieux (τιμήεις, sans superlatif) de tous les arts. Les cavaliers étaient (ἦσαν) plus nombreux que les fantassins. La guerre cause (τίκτει, acc.) de plus grands maux que la peste. De (ἐξ) très-petit, le crocodile devient (γίνεται) très-grand. Les arbres produisent (φέρει, acc.) des fruits plus nombreux et plus mûrs dans les pays très-chauds. J'étais auprès de (παρῆν, dat.) serpents plus grands que le bras. Achille était (ἦν) plus beau et meilleur qu'Ajax, le plus fort et le plus beau des Grecs. Quoi de (τί, neutre) plus cher (προσφιλής) aux serviteurs, de plus agréable aux femmes, de plus désirable pour (dat.) les enfants, de plus charmant pour (dat. εὔχαρις, gén., ιτος) les amis que l'agriculture? Rien n' (οὐδέν, neutre) est plus honteux que l'ingratitude. La flatterie est un vice très-honteux. Il n'est pas de (οὐκ ἔστι) spectacle plus beau qu'un visage heureux. O généraux plus nombreux que braves (ἀγαθός)! La terre est plus petite que le soleil. Le voyageur gravira (ἀναβήσεται, acc.) les plus hautes montagnes. Quoi de (τί, neutre) plus facile (ῥᾴδιος) que de (ἤ) commander aux (ἐπικρατεῖν, gén.) passions?

CHAPITRE V.

§ 48-51.

Adjectifs numéraux.

QUESTIONNAIRE.

Comment se divisent les noms de nombre?

Quels sont les nombres cardinaux indéclinables?

Εἷς a-t-il les trois genres, et quelle déclinaison suit-il?

Quels sont les nombres cardinaux qui ont le masculin et le féminin semblables?

Quelle est la terminaison des dizaines, des centaines et des mille jusqu'à dix mille exclusivement?

De quoi sont composés ἕνδεκα, ἑπτακαίδεκα, πεντήκοντα, ὀκτακόσιοι, ἐνναχισχίλιοι, τρισμύριοι?

Que signifient les syllabes κις et ις?

Sur quoi se déclinent les nombres ordinaux?

Ont-ils le masculin et le féminin semblables?

A quelle espèce de nombres appartient la terminaison τος, τη, τον?

Quelle est la racine de δωδέκατος, εἰκοστός, ἑκατοστός, μυριοστός?

Que signifient littéralement ἑξακισχιλιοστός et δεκακισμυριοστός?

THÈME.

N. B. — Dans les nombres composés, soit cardinaux soit ordinaires, le plus petit se place le premier avec la conjonction καὶ, ou le dernier sans conjonction. Lorsque plusieurs nombres sont réunis en un seul, on commence par le plus fort que l'on rattache par καὶ à chaque nombre suivant.

Traduire *un* et *deux* par les noms de nombre.

Nous avons (ἔχομεν, acc.) deux oreilles et une langue. Un seul voyageur a rencontré (ἐνέτυχε, dat.) quatre femmes. Une seule femme a perdu (ὤλεσε, acc.) un père, trois filles, deux neveux et quatre cousins. Dieu a donné (δέδωκε, acc.) cinq sens au corps humain, et a créé (ἔκτισε, acc.) le monde en (ἐν, dat.) six jours. Le mois comprend (ἔχει, acc.) trente ou (ἤ) trente et un jours. Sept fois j'ai fait (ἐπορευσάμην, acc.) une route de cent quatorze stades. Trois cents Spartiates périrent (ἀπέθανον) aux (ἐν, dat.) Thermopyles. Soixante-douze interprètes ont traduit (μετέφρασαν, acc.) les livres sacrés des Hébreux. Cyrus marcha contre (ἐστρατεύσατο ἐπί, acc.) les Perses avec (σύν, dat.) onze mille hoplites et deux mille quatre cent quatre vingt-douze peltastes. Platon mourut (ἐτελεύτησε) la première année (dat.) de la cent huitième Olympiade, à l'âge de (γεγονώς, acc.) quatre-vingts ans. Les exilés revinrent (ἐπανῆλθον) le quatrième jour (dat.) de la huitième semaine. Des deux frères le premier mourut à l'âge de sept ans, et le second vécut (ἐβίω) soixante-quinze ans (acc.). Bien des fois (πολλάκις) l'ouvrier actif se lève (ἀνίσταται) à la première heure (dat.). Les ambassadeurs arrivèrent (ἀφίκοντο) le troisième jour (τριταῖος, nomin. plur.), et s'en retournèrent (ἀπῆλθον) le cinquième jour (πεμπταῖος, nomin. plur.). Pyrrhus fit la guerre (ἐπολέμησεν) pendant deux ans et quatre mois (acc.).

CHAPITRE VI.

§ 51-52.

Adjectifs ou pronoms démonstratifs.

QUESTIONNAIRE.

Combien y a-t-il, en grec, de pronoms démonstratifs ?

Quels sont-ils ?

Sur quoi se déclinent οὗτος, αὐτός, ἐκεῖνος ?

Quels sont les deux cas où leur déclinaison diffère de celle d'ἀγαθός ?

Comment οὗτος fait-il à tous les genres du génitif pluriel ?

A quoi répondent en latin οὗτος et ἐκεῖνος ?

Quel est le sens de αὐτός précédé immédiatement de l'article ὁ ?

Αὐτὸς ὁ ἄνθρωπος et ὁ αὐτὸς ἄνθρωπος ont-ils la même signification ?

EXERCICE.

N. B. — Les pronoms démonstratifs, ὅδε, οὗτος, ἐκεῖνος, prennent l'article ὁ devant un nom. Exemple : ce roi, ὅδε ὁ βασιλεύς, οὗτος ὁ βασιλεύς ; cet homme-ci, ὅδε ὁ ἀνήρ, οὗτος ὁ ἀνήρ ; cette femme-là, ἐκείνη ἡ γυνή.

L'article ὁ s'emploie aussi comme pronom démonstratif de la manière suivante : celui qui délie (*tournez :* le déliant, ὁ λύων) ; à ceux qui instruisent (*tournez :* aux instruisant, τοῖς παιδεύουσι); de celui qui honore (*tournez :* du honorant, τοῦ τίοντος).

A ce héros illustre ; ces renards très-rusés (acc.); de ces neuf archontes plus distingués ; de ce laboureur très-heureux et très-juste ; du général lui-même, du même général ; aux mêmes serviteurs, aux serviteurs en personne ; il a fait (ἐποίησε, acc.) ceci, cela, la même chose ; de deux philosophes, celui-ci riait (ἐγέλα), celui-là pleurait (ἐδάκρυε). Elle a donné (ἔδωκε, acc.) de l'argent à celui-ci, des livres à celui-là. Ils ont distribué (ἔνειμαν, acc.) de très-belles récompenses à ceux qui pratiquent (*tournez :* aux pratiquant, ὁ ἀσκῶν, gén., οῦντος, acc.) la vertu. L'époque de la moisson réjouit (εὐφραίνει, acc.) tous ceux qui travaillent (*tournez :* tous les travaillant, ὁ ἐργαζόμενος, acc.) la terre.

52-53.

Adjectifs ou pronoms déterminatifs.

QUESTIONNAIRE.

Quels sont les pronoms déterminatifs employés pour indiquer plus de deux personnes ou de deux choses ?

Quel est le nom de nombre que l'on trouve dans οὐδείς et μηδείς ?

Quels sont les pronoms déterminatifs dont on se sert, lorsqu'il n'est question que de deux personnes ou de deux choses ?

Quel est le pronom qui marque réciprocité entre plusieurs personnes ?

Est-il usité au singulier ? A-t-il tous les cas au pluriel ?

Quels sont les mots latins qui répondent aux pronoms suivants : ἕτερος, οὐδέτερος, ἑκάτερος, ἀμφότερος ?

Quels sont ceux qui répondent à ἄλλος, οὐδείς et μηδείς, ἕκαστος, ἄμφω ?

Comment se décline ἄμφω ?

THÈME.

N. B. — Quand il s'agit de plusieurs personnes ou de plusieurs choses, *un* se traduit par ἄλλος μὲν, *un autre*, *l'autre* par ἄλλος δέ ; quand il ne s'agit que de deux personnes ou de deux choses, ils se traduisent par ἕτερος μέν, ἕτερος δέ. Quand ἕτερος est précédé de l'article, il signifie aussi *l'un des deux*, *l'autre des deux* (en latin, *alter*), et *l'un ou l'autre* (en latin, *alteruter*).

Alexandre a fondé (ἔκτισε, acc.) Alexandrie et beaucoup d'autres villes. J'ai vu (εἶδον, acc.) une autre femme avec (μετά, gén.), un autre homme. (*On parle ici de plus de deux femmes et de deux hommes.*) *Traduire la même phrase dans le sens de deux personnes seulement.* Personne n'est (ἐστί) parfait. Rien n'est plus ennemi (ἐχθρός, dat.) de l'homme que l'homme lui-même. Aucune terre n'est plus fertile que l'Égypte. Chacun se plaint (μέμφεται, acc.) du sort. D'autres discours (acc.) ; les autres vertus (acc.). Je n'assisterai (παρέσομαι, dat.) à aucune assemblée. J'interrogerai (ἐρωτήσω, acc.) chacun des cinquante élèves. Ils sont tombés (ἔπεσον) tous les deux ensemble. Je les ai tués (ἔκτεινα, acc.) tous les deux à la fois. Une main lave (λούει, acc.) l'autre. Ce brave soldat a perdu (ἀποβέβληκε, acc.) les deux mains. J'enverrai (πέμψω, acc.) l'un ou l'autre messager. L'un des deux instruira (παιδεύσει, acc.) l'autre. Ils sont entrés (εἰσῆλθον) tous les deux séparément. Aucun des deux n'aime (φιλεῖ, acc.) l'autre. Chacun des deux hait (μισεῖ, acc.) l'autre. Ils se haïssent (μισοῦσι, acc.) l'un l'autre. (*On parle ici de plus de deux.*) Ils s'aiment (φιλοῦσι, acc.) les uns les autres. Nous avons tous besoin (δεόμεθα, gén.) les uns des autres. Ils se défient (ἀπιστοῦσι, dat.) les uns des autres. Je n'accompagnerai (ἀκολουθήσω, dat.) ni l'un ni l'autre des deux voyageurs. L'un avoue (ὁμολογεῖ), l'autre nie (ἐξαρνεῖται). (*On ne parle ici que de deux personnes.*) *Même phrase à traduire dans le sens de plusieurs personnes.*

---

§ 53-56.

Adjectifs ou pronoms indéfinis.

QUESTIONNAIRE.

Quels sont, en grec, les pronoms indéfinis?

A quelle déclinaison appartient τίς?

Qu'est devenu le ν final du radical de ce pronom au nominatif et à l'accusatif neutre?

Δεῖνα peut-il se décliner?

Est-il usité au datif pluriel?

Quels sont, en grec, les pronoms interrogatifs?

En quoi τίς interrogatif diffère-t-il de τίς indéfini?

Quand on ne parle que de deux, de quel pronom se sert-on?

A quoi πότερος répond-il en latin?

Que signifient ποῖος, πόσος, πηλίκος, et comment se traduiraient-ils en latin?

THÈME.

N. B. — Τίς indéfini (en français, *un*, *certain*) se place en grec le second mot, comme *quidam*, en latin ; τίς interrogatif se place le premier mot, comme *quis*, en latin. Δεῖνα (en français, *un tel*, *tel ou tel*) se construit généralement avec l'article.

Πόσος au singulier signifie *combien grand*, en latin *quantus*, et au pluriel *combien nombreux*, en latin *quot* ou *quam multi*.

Quand les pronoms interrogatifs πότερος, ποῖος, πόσος, πηλίκος sont entre deux verbes, ils ajoutent le préfixe ο au radical : de là les pronoms ὁπότερος, ὁποῖος, ὁπόσος, ὁπηλίκος.

En grec, comme en latin, le superlatif français, quand on ne parle que de deux, se met au comparatif.

Un tel était (ἦν) fils d'une telle; tel ou tel a fait (ἔπραξε, acc.) cela ; nous choisirons (ἐκλέξομεν, acc.) tel ou tel ; j'ai promis (ὑπεσχόμην, acc.) quelque chose à quelqu'un; certain écrivain a dit (εἶπε); j'ai admiré (ἐθαύμασα, acc.) quelques hommes très-savants; un homme est venu (ἦλθε) ; certaines personnes pensent (οἴονται) ; je parlerai avec (διαλέξομαι, dat.) certains magistrats de (περὶ, gén.) quelques affaires plus importantes ; qui avez-vous rencontré ? (ἐνέτυχες, dat.) ; de quelles choses avez-vous besoin ? (δεῖσθε, gén.) ; qui la mort épargne-t-elle ? (φείδεται, gén.) ; quels livres avez-vous lus ? (ἀνέγνως, acc.) ; quels hommes sont (εἰσί) les plus heureux ? De ces deux soldats, lequel est (ἐστί) le plus brave? Dis (εἶπε) lequel des deux semble (δοκεῖ) le plus hardi ? Des deux mains, laquelle est la plus forte ? Laquelle des deux vertus préférez-vous ? (προαιρῇ, acc.) ; j'ignore (ἀγνοῶ) auquel des deux peintres je donnerai (δώσω, acc.) une grande récompense; de quelle espèce sont (εἰσί) ces poissons ? Quel âge avaient (*tournez :* de quel âge étaient, ἦσαν) ces enfants-là ? Combien de victoires ce général a-t-il remportées (ἔλαβε, acc.) ? De quelle grandeur est (*tournez :* combien grande est) cette table? Quel est le nombre des (*tournez :* combien nombien nombreux sont les) cavaliers? Vous savez (ἴστε) combien d'ennemis ont péri (ἀπώλοντο). Qui pourrait dire (τίς ἂν εἴποι) quelle est la grandeur du pays (*tournez :* combien grand est le pays)? Je ne puis dire (οὐκ ἔχω εἰπεῖν) de quelle espèce est cet arbre. Souvent (πολλάκις) les vieillards cachent (κρύπτουσι) leur âge (*tournez :* de quel âge ils sont). Quel âge a ce jeune homme? Demandez (ἐρώτα) quel âge ont ces jeunes filles.

---

§ 56-58.

Adjectifs ou pronoms relatifs.

QUESTIONNAIRE.

Combien y a-t-il, en grec, de pronoms relatifs?

En quoi la déclinaison de ὅς diffère-t-elle de celle de l'article masculin?

Quel est l'adjectif indéfini qui, combiné avec ὅς, forme un second relatif?

Comment se décline cet adjectif relatif composé?

Y a-t-il, en grec comme en latin, des pronoms corrélatifs?

Par quoi sont caractérisés les antécédents et les relatifs?

Comment se déclinent les antécédents?

Comment se déclinent les relatifs?

Quel est l'antécédent de οἷος?

Quel est le mot latin qui répond à ce relatif?

Quel est le relatif de τοσοῦτος?

Quel est le mot latin qui répond à cet antécédent?

Comment dit-on en grec : aussi âgé que?

THÈME.

N. B. — A l'adjectif relatif ὅς on ajoute quelquefois la particule indéclinable περ, d'où ὅσπερ, ἥπερ, ὅπερ. Ὅστις a un sens plus général que ὅς, et signifie, *quiconque*, *qui que ce soit*, en latin, *quicunque*.

L'antécédent τοσοῦτος et son relatif ὅσος employés au pluriel signifient *aussi nombreux que*, et répondent au latin *tot*, *quot*, *tàm multi*, *quàm multi*. Les antécédents, quoique se déclinant sur οὗτος, prennent parfois la désinence ν au nominatif et à l'accusatif singulier neutres.

Le soldat dont nous louons (ἐπαινοῦμεν, acc.) le courage a reçu (ἔλαβε, acc.) beaucoup de blessures. L'ami à qui tu te fies (πιστεύεις, dat.) est très-sincère. Les hommes que nous appelons (καλοῦμεν, acc.) justes sont souvent (πολλάκις) pauvres. Les biens dont nous nous glorifions (φιλοτιμούμεθα, dat.) sont périssables. Les hommes dont la gloire sera (ἔσται) éternelle ne redoutent pas (οὐ φοβοῦνται, acc.) la mort. Quiconque ment (ψεύδεται) est indigne de pardon. Sauvez (σῶζε, acc.) les enfants, quels qu'ils soient, de cette mère infortunée. Faites (ἐπιτελεῖτε, acc.) une œuvre quelconque. Le fils était (ἦν) tel que le père. La fille n'était pas (οὐκ ἦν) telle que la mère. Telles mœurs, tel langage (*tournez :* le langage est tel que les mœurs). La terre n'est pas aussi grande que le soleil. Tel maître, tel valet (*tournez :* le valet est tel que le maître). Il a (ἔχει, acc.) autant de prudence que de courage. La gloire est aussi grande que le danger. Il y a (*tournez :* sont, εἰσί) autant de fruits que de fleurs. Autant d'hommes, autant de sentiments (tournez : autant de sentiments que d'hommes). Ce conquérant prend (αἱρεῖ) autant de villes qu'il veut. Le père est aussi âgé que la mère. Quiconque a vu (εἶδε, acc.) beaucoup de choses se souvient (μέμνηται, gén.) de beaucoup de choses. Les filles de ce devin étaient (ἦσαν) du même âge que (*tournez :* aussi âgées que) les fils du consul. Dis (εἶπε) qui tu fréquentes (ὁμιλεῖς, dat.), je dirai (λέξω) qui tu es (εἶς). Les événements (αἱ τύχαι) ne sont pas toujours (οὐκ εἰσὶν ἀεί) tels que nous souhaitons (εὐχόμεθα, acc.).

CHAPITRE VII.

§ 58-61.

Pronoms personnels et adjectifs possessifs.

QUESTIONNAIRE.

Combien y a-t-il, en grec, de pronoms personnels?

Chacun de ces pronoms a-t-il une déclinaison particulière pour chaque genre?

Ont-ils des radicaux semblables, et se déclinent-ils régulièrement?

Comment la première et la deuxième personne font-elles au datif pluriel?

A quelle personne du singulier appartiennent les pronoms dont le radical commence par ἐ ou μ, et par σ?

A quelle personne du pluriel appartiennent ceux dont le radical commence par ἡ ou ὑ?

Quels sont les adjectifs qui remplacent les pronoms personnels de la troisième personne?

Combien y a-t-il de pronoms réfléchis?

Comment se forment-ils?

Ont-ils un duel?

Comment se décline le pluriel de la première et de la deuxième personne?

Que devient le radical des pronoms personnels de la première et de la deuxième personne du singulier combiné avec le suffixe ος?

Que devient le radical des pronoms personnels de la première et de la deuxième personne du pluriel combiné avec le suffixe τερος?

Par quoi remplace-t-on, au singulier et au pluriel, l'adjectif possessif de la troisième personne, quand le possessif se rapporte au sujet de la proposition, et quand il ne s'y rapporte pas ?

EXERCICE.

N. B. — Les adjectifs possessifs français se traduisent de deux manières : ou par l'adjectif possessif précédé de l'article, exemple : mon père est absent, ὁ ἐμὸς πατὴρ ἄπεστι; ou le plus souvent par le génitif des pronoms personnels placé après le substantif ou avant l'article, exemple : j'attends ta mère, ἀναμένω τὴν μητέρα σου, ou ἀναμένω σου τὴν μητέρα.

Accentuer les génitifs αυτου et αυτων employés pour la troisième personne des adjectifs possessifs.

Traduire les pronoms personnels.

Tu ris (γελᾷς), je pleure (κλαίω); nous dormons (καθεύδομεν); vous travaillez (ἐργάζεσθε); l'histoire m'instruit (διδάσκει, acc.), l'instruit, vous instruit, les instruit, nous instruit, t'instruit; le tonnerre l'a touché (ἥψατο, gén.), vous a touchés, t'a touché, les a touchés, m'a touché, nous a touchés ; cet orateur très-distingué nous plaisait (ἤρεσκε, dat.), me plaisait, te plaisait, leur plaisait, lui plaisait, vous plaisait ; il vient (ἔρχεται), ils sont venus (ἦλθον); je m'oublie (ἐπιλανθάνομαι, gén.) moi-même ; nous nous commandons (ἐπικρατοῦμεν, gén.) à nous-mêmes ; connais-toi (γνῶθι, acc.) toi-même ; tu te plais (ἀρέσκεις, dat.) à toi-même ; je me connais (γιγνώσκω, acc.) moi-même ; blâmez-vous (μέμφεσθε, dat.) vous-mêmes ; vous vous nuisez (βλάπτετε, acc.) à vous-mêmes ; ô jeune fille, tu te nuis (βλάπτεις, acc.) à toi-même ; la femme s'oublie (ἐπιλανθάνεται, gén.) elle-même ; je me suis présenté (παρεγενόμην) moi-même; toi-même, tu es tombé (ἔπεσες) ; il a fait (ἐποίησε, acc.) lui-même ce bel ouvrage; l'homme se nuit à (βλάπτει, acc.) lui-même, les hommes se nuisent à (βλάπτουσι, acc.) eux-mêmes, l'homme est (ἐστί) à lui-même un ennemi, les hommes sont (εἰσί) à eux-mêmes des ennemis.

Respecte (αἰδοῦ, acc.) tes ancêtres; aimez (ἀγαπᾶτε, acc.) vos ennemis; je connais (γιγνώσκω, acc.) ses enfants, ton ami, votre ami, leur ami; la mère aime (φιλεῖ, acc.) ses enfants et hait (μισεῖ, acc.) leurs défauts; je suis (ἕπομαι, dat.) ton guide, nos guides, leurs guides, mon guide; nous avons soin (ἐπιμελόμεθα, gén.) de tes chiens, de notre chien; ce méchant esclave a tué (ἀπέκτεινε, acc.) son excellent maître; j'ai rencontré (ἐνέτυχον, dat.) mon berger et son troupeau.

LIVRE TROISIÈME.

CONJUGAISONS.

CHAPITRE Ier.

§ 61-66.

De la conjugaison en général.

QUESTIONNAIRE.

Combien y a-t-il de nombres et de personnes dans les conjugaisons grecques?

Le duel a-t-il les trois personnes?

Combien y a-t-il de voix en grec?

Quelles sont ces voix?

Qu'entend-on par verbes transitifs et intransitifs?

Le sens et la forme des verbes sont-ils indépendants l'un de l'autre?

Un verbe peut-il avoir à la fois la forme active et le sens intransitif?

Un verbe peut-il avoir le sens actif avec la forme passive ou moyenne?

Combien y a-t-il de temps principaux et de temps secondaires?

Quels sont ces temps?

En quoi les temps principaux se distinguent-ils des temps secondaires?

Dans quelle classe de temps faut-il ranger le futur antérieur passif?

A quel prétérit français semble répondre le plus souvent l'aoriste?

A quels modes l'aoriste exprime-t-il particulièrement l'idée du passé?

Combien y a-t-il de modes, et quels sont-ils?

De ces modes, quel est celui qui ne se trouve ni en latin, ni en français?

Que signifie ce mot, optatif?

N'y a-t-il point, en grec, des espèces de participes appelés adjectifs verbaux?

A quelle voix se rattachent-ils?

Comment sont-ils terminés?

Quel est le participe latin qui répond à l'adjectif verbal τέος?

Comment se forment les adjectifs?

Pourquoi écrit-on λεκ-τέος et non λεγ-τέος, γραπ-τός et non γραφ-τός?

---

§ 66-67.

Radicaux et désinences.

QUESTIONNAIRE.

N. B. — Les désinences personnelles s'appellent aussi caractéristiques des personnes.

Qu'est-ce qu'indique le radical verbal?

Combien y a-t-il d'espèces de caractéristiques?

Où se placent les caractéristiques des temps?

Où se placent, en général, les caractéristiques des modes?

Qu'est-ce qu'indiquent les caractéristiques de personnes ou désinences?

Qu'entend-on par radical des temps?

De quoi se compose-t-il?

En quoi diffère-t-il du radical verbal?

---

§ 67-68.

Augment.

QUESTIONNAIRE.

Qu'entend-on par augment?

Quels sont les temps qui en sont susceptibles?

L'augment sort-il de l'indicatif?

Combien y a-t-il de sortes d'augment?

Quels sont les verbes qui prennent l'augment syllabique?

Quels sont ceux qui prennent l'augment temporel?

Que deviennent, aux temps susceptibles d'augment, les voyelles initiales α, ε, ο?

Quels sont les verbes qui ne prennent point d'augment, soit syllabique, soit temporel?

N. B. — Pour répondre aux questions suivantes, les élèves devront voir au Supplément de l'Abrégé de la Grammaire, page 187 : Augment dans les verbe scomposés.

Où se place en général l'augment, si le verbe est composé avec une préposition?

Quand la préposition se termine par une voyelle, que devient cette voyelle?

Certains verbes ne prennent-ils pas à la fois deux augments?

Quand l'augment se met-il au commencement d'un verbe composé?

---

§ 67-68.

Augment.

EXERCICE.

N. B. — Dans les verbes simples comme dans les verbes composés, les diphthongues initiales αι, οι, αυ se changent de la manière suivante : αι en η ; οι en ῳ ; αι en ηυ. Les verbes qui commencent par un ῥ redoublent ce ῥ après l'augment syllabique.

Les règles générales de l'augment admettant un certain nombre d'exceptions, il sera prudent de consulter le dictionnaire.

Dire quel sera l'augment des verbes suivants :

παιδεύω, j'instruis, ἐλπίζω, j'espère,
βαίνω, je marche, σκιάζω, j'ombrage,
ὁπλίζω, j'équipe, γράφω, j'écris,
ἀνύτω, j'achève, βλάπτω, je nuis.

Les verbes suivants :

ἠχέω, je retentis, ὠφελέω, j'aide,
ἱκετεύω, je supplie, εὐθύνω, je dirige,
εἰκάζω, j'imagine, ὑβρίζω, j'outrage,
οὐτάζω, je blesse,

peuvent-ils avoir un augment?

Par quelle voyelle peut commencer le radical d'un verbe qui a la voyelle initiale η ou ω, aux temps susceptibles d'augment?

Quel sera l'augment des verbes suivants :

αἰδεόμαι, je respecte, οἰκέω, j'habite,
αὐξάνω, j'augmente ?

Que deviendra le ῥ initial de ῥάπτω, coudre, aux temps susceptibles d'augment?

Si ἐῤῥυόμην, *je défendais*, est un temps secondaire,

quelle sera la prèmière syllabe du présent de l'indicatif?

Compléter par l'augment l'imparfait des verbes composés suivants :

προσ-βαλλον,	je jetais,	δια-πέρων,	je traversais,
εἰσ-φερον,	j'apportais,	περι-βαινον,	je marchais,
ἐξ-αγον,	je faisais sortir,	προ-τεινον,	j'allongeais,
ἐξ-όρμων,	je m'élançais,	ἀπο-τεμνον,	je coupais,
ἐξ-έλαυνον,	je chassais,	ἐπι-κρουον,	je poussais.

Dire quelles peuvent être, à l'indicatif présent, les premières syllabes des verbes composés qui ont les temps secondaires suivants :

προσ-έλεξα,	j'ajoutai,	ἀπ-ῴκισα,	je reléguai,
περι-έβαλλον,	je jetais,	ἐπ-ῇρον,	j'élevais,
προ-έφερον,	je portais,	προσ-έρρεον,	je coulais,
εἰσ-ῆγον,	j'introduisais,	ἐπ-ηύξανον,	j'augmentais,
ἐπ-εσκεύασα,	je préparai,	ἐξ-ήμειβον,	je changeais,
ἀπ-έκοπτον,	je coupais,	δι-έπραξα,	j'achevai,
εἰσ-ήλαυνον,	je poussais,	προὔβαλλον,	je jetais,
προσ-ώρισα,	j'assignai,	προ-ῃσθόμην,	je pressentis,
προσ-ηύγαζον	je brillais,	ἀπ-εσκίαζον,	j'ombrageais.

---

§ 68-68 *bis*.

Redoublement.

QUESTIONNAIRE.

Qu'est-ce que le redoublement?
Quels sont les temps qui en sont susceptibles?
Passe-t-il à tous les modes?
En quoi le plus-que-parfait diffère-t-il du parfait?

Y a-t-il des verbes qui prennent un redoublement au présent et à l'imparfait?

En quoi ce redoublement diffère-t-il de celui du parfait?

N. B. — Pour répondre aux questions suivantes, voir pages 187 et 188 de l'Abrégé de la Grammaire (2° Redoublement dans les composés et remarques sur le redoublement).

Dans les verbes composés avec une préposition, où se met le redoublement?

Où se met-il dans les verbes composés avec d'autres mots?

Quand le radical commence par une voyelle, qu'est-ce qui tient lieu de redoublement?

Quand le radical commence par une aspirée, que devient cette aspirée aux temps susceptibles de redoublement?

Quels sont en général les verbes qui remplacent le redoublement par un augment syllabique?

---

§ 68-68 *bis*.

Redoublement.

EXERCICE.

N. B. — Les verbes non composés dont le radical commence par une consonne simple, excepté le ῥ, ou par deux consonnes dont une muette suivie d'une liquide, forment le redoublement par la répétition de la consonne initiale suivie d'un ε.

L'augment temporel tient lieu de redoublement dans les verbes non composés qui commencent par une voyelle brève, α, ε, ο, ou par une diphthongue, αι, αυ, οι, de même que l'augment syllabique tient lieu de redoublement dans ceux qui commencent par un ῥ, une lettre double, ψ, ξ, ζ, ou deux consonnes autres qu'une muette suivie d'un liquide.

Les verbes dont le radical ne commence par aucune des voyelles ou diphthongues énumérées plus haut, ne prennent aucun redoublement, soit par la répétition de la consonne initiale, soit sous forme d'augment temporel ou syllabique.

Les règles générales du redoublement admettant un certain nombre d'exceptions, il sera prudent de consulter le dictionnaire.

Quand le plus-que-parfait prend-il un augment syllabique outre le redoublement habituel ?

Quand le radical de ce temps est-il le même que celui du parfait?

Dire quel sera le redoublement des verbes suivants :

πιστεύω,	je crois,	γράφω,	j'écris,
τίω,	j'honore,	βλέπω,	je vois,
ἐρύω,	je traîne,	ψέγω,	je blâme,
ὁρίζω,	je borne,	ξύω,	je polis,
ῥίπτω,	je jette,	ζηλόω,	j'envie,
αἰκίζω,	je maltraite,	σπείρω,	je sème,
οἰκίζω,	j'établis,	ὠθέω,	je pousse,
αὐλακίζω,	je sillonne,	ὑλακτέω,	j'aboie,
θύω,	je sacrifie,	ἀρτύω,	j'adapte,
εὐτυχέω,	je suis heureux,	ἱκετεύω,	je supplie,
ἡνιάζω,	je bride,	εἴκω,	je cède,
φοβέω,	j'effraye,	σείω,	j'ébranle.

De ces différents verbes, quels sont ceux qui prendront au plus-que-parfait l'augment syllabique ?

Quels sont ceux qui auront à ce temps le même radical que le parfait?

Dans les verbes composés suivants, comment sera le redoublement et où se placera-t-il?

προσ-τάσσω,	je prescris,	προ-κρίνω,	je préfère,
ἀπο-λύω,	je délie,	δια-πονέω,	je travaille,

ἐπι-τείνω, je vends,
ἀπο-κλίνω, je penche,
ἀ-δικέω, je suis injuste,
πλημ-μελέω, j'enfreins,
ἀμφισ-βητέω, je suis embarrassé.

Indiquer quelle doit être la lettre initiale du présent de l'indicatif des verbes simples qui ont les parfaits suivants :

βέβαφα, j'ai plongé,
γεγάμηκα, j'ai épousé,
δέδεκται, il a reçu,
ἐξύσμεθα, nous avons été grattés,
τεθεράπευκε, il a soigné,
κέκαυκα, j'ai brûlé,
λέλουνται, ils sont baignés,
ἠλευθέρωκας, tu as délivré,
ἐζημιώκας, tu as puni,
μεμαθήκατε, vous avez appris,
πέφυκε, il est naturellement,
ἔῤῥαφα, j'ai cousu,
ἔῤῥωσθε, portez-vous bien,
ἔῤῥιπται, il a été jeté,
ᾔνιγμαι, j'ai insinué,
ἐσκύληκε, il a dépouillé,
ἐσπάκασι, ils ont tiré,
ᾤδηκε, il est enflé,
ἔψευκας, tu as trompé,
κεχάρακε, il a gravé,
ὡμίληκα, j'ai fréquenté,
ηὐξήκατε, vous avez accru,
ἡμαρτήκασι, ils se sont trompés,
ἔπτυκας, tu as craché.

Dire quelle doit être la lettre initiale du radical des verbes composés qui ont les parfaits suivants :

προσ-βέβληκα,	j'ai jeté,
ἐμ-πεπώληκας,	tu as vendu,
ἐπι-βέβηκε,	il se tient sur,
προ-τετιμήκαμεν,	nous avons préféré,
ἀπο-τετράμμεθα,	nous nous sommes détournés,
δι-έσπαρκας,	tu as dispersé,
περι-ήρηκε,	il a enlevé,
προ-ήσθησαι,	tu as pressenti.

---

§ 68 *bis* - 69.

Résumé de la théorie générale des verbes grecs.

QUESTIONNAIRE.

Combien y a-t-il d'éléments essentiels de la conjugaison grecque, et quels sont-ils?

Qu'est-ce qu'indique le radical verbal?

De quoi se compose le radical d'un temps?

A quoi s'ajoutent les caractéristiques des modes?

Qu'est-ce qu'indiquent les désinences, et où se placent-elles?

N. B. — Les désinences personnelles peuvent être aussi appelées caractéristiques des personnes.

Le redoublement peut être considéré comme une seconde caractéristique du parfait et du plus-que-parfait, et fait ainsi partie du radical des temps. Il n'en est point de même de l'augment, parce qu'il ne sort pas de l'indicatif.

---

§ 69-71.

Conjugaison en ω et en μι.

QUESTIONNAIRE.

Combien y a-t-il de conjugaisons en grec?
Quelle est la plus fréquente?
Le verbe εἰμί est-il usité à tous les temps?
Comment se déclinent les participes ὤν et ἐσόμενος?

EXERCICE.

Il est, ils sont, vous êtes, ils étaient, tu es, il sera, vous serez, tu seras, nous serons tous deux, soyez, qu'ils soient, que nous soyons, que tu fusses, puisse-t-il être! qu'ils fussent, qu'il dût être, devoir être, que vous dussiez être tous deux, étant (dat. masc. sing. et plur.), devant être (acc. masc. et fémin. plur.).

CHAPITRE II.

§ 70-71.

Conjugaison du verbe εἰμί.

THÈME.

N. B. — Le substantif ou l'adjectif qui sert d'attribut au verbe εἰμί se met au même cas que le sujet de ce verbe ; exemple : Dieu est saint, Θεός ἐστιν ἅγιος ; la vie est un combat, ὁ βίος ἐστὶν ἀγών.

Le sujet et l'attribut d'une proposition infinitive se mettent à l'accusatif ; exemple : je crois que Dieu est saint (*tournez :* Dieu être saint); νομίζω Θεὸν εἶναι ἅγιον.

Le conditionnel présent français se traduit en grec par ἄν avec l'imparfait ou l'optatif présent ; exemple : vous seriez, ἦτε ἄν, ou εἴητε ἄν.

Un sujet au pluriel neutre veut le verbe au singulier ; exemple : les animaux courent, τὰ ζῶα τρέχει.

Ἐστί et εἰσί placés devant un mot qui commence par une voyelle prennent, pour éviter l'hiatus, un ν appelé euphonique ; exemple : il y a une route, ἔστιν ὁδός ; il y a des gens qui, εἰσὶν οἵ.

La nécessité est la mère de tous les arts. Un nom illustre est un fardeau très-lourd. La loi est la règle de la vie. Les fleurs sont la plus belle parure du printemps. Cet enfant, dont nous louons (ἐπαινοῦμεν, acc.) la beauté, était et sera utile à ses parents. Les fruits de cet arbre très-fertile étaient et seront plus abondants. O vous, très-chers disciples, si (ἐὰν, subj.) vous êtes laborieux, vous serez heureux. O vents, soyez favorables aux matelots qui sont (*tournez :* les étant) pieux et courageux. Puisse la terre être légère aux morts ! Conduisons-nous envers (προσφερώμεθα, dat.) nos ennemis, comme s'ils devaient être (*tournez :* comme (ὡς) devant être un jour (ποτέ) nos amis. Dieu seul sait (οἶδε, acc.) ce qui est et ce qui sera (*tournez :* toutes les choses étant et devant être). Les médecins affirment que (φασὶν ὅτι) la santé sera le prix de la tempérance. Je dis que (λέγω ὅτι) la crainte du Seigneur est le commencement de la sagesse. On dit (φασί) que l'homme est l'image de Dieu (*tournez par la proposition infinitive, en supprimant le* que). Croyez (νομίζετε) que le travail est un trésor (*même tournure*). Tout prouve (πάντα δηλοῖ) que les espérances des hommes seront toujours (ἀεὶ) des songes (*même tournure*). Les hommes seraient heureux, s'ils voulaient (εἰ θέλοιεν). Cet élève serait le premier de tous, s'il s'appliquait à (εἰ ἐσπούδαζε περί et l'acc.) l'étude de la grammaire.

---

§ 70-71.

Supplément.

N. B. — Le verbe εἰμί, combiné avec certaines prépositions, a formé plusieurs verbes composés. Nous donnons ici quelques-uns de ces verbes avec leur signification et le cas qu'ils gouvernent :

πάρειμι,	adsum,	je suis présent à, *datif.*
ἄπειμι,	absum,	je suis absent de, *génitif.*
σύνειμι,	intersum,	je suis avec ou parmi, *datif.*
περίειμι,	superior sum,	je suis supérieur à, *génitif.*

Les élèves devront se servir de ces verbes pour la traduction des phrases françaises suivantes.

EXERCICE.

Dix-sept soldats, dont trois cavaliers très-illustres, assistent, assistaient, assisteront, assisteraient au combat. Vous êtes, que vous soyez, que vous fussiez supérieurs à vos rivaux. Quel citoyen honnête est, était, sera, serait absent de l'assemblée? O pères, soyez avec vos fils; que les mères soient, qu'elles fussent avec leurs filles. Saisissons (παραλάβωμεν, acc.) l'occasion présente. Souviens-toi (μέμνησο, gén.) des amis absents. Puissent les généraux être supérieurs à nos ennemis! Réjouissons-nous (χαίρωμεν, dat.) des événements présents. O Dieu, tu seras, que tu sois, que tu fusses, que tu dusses être présent partout et toujours (πανταχοῦ καὶ ἀεί).

CHAP. III.

§ 71-73.

Verbes en ω, première classe; verbes en ω pur, non contractes.

QUESTIONNAIRE.

Combien y a-t-il de classes de verbes en ω?

Quels sont ces verbes?

Comment sont terminés au radical verbal les verbes en ω pur non contractes?

Ἀγορεύω, je parle, διώκω, *je poursuis,* se contracteront-ils?

Pourquoi πολεμέω, *je fais la guerre*, se contractera-t-il?

Quel est le radical verbal de λύω?

Ce radical doit-il se retrouver à tous les temps, à tous les modes, à toutes les voix de ce verbe?

EXERCICE.

N. B. — Avant de faire ce devoir, les élèves devront savoir très-bien la voix active du verbe λύω.

Je délie, tu déliais, vous déliez, ils déliaient, qu'il délie, que tu déliasses, puissiez-vous délier! déliant (nom. fém. sing.; gén. masc. plur.; dat. neut. plur.), ils déliaient tous deux, nous délierons, devant délier (gén. fém. sing.; dat. fém. plur.), tu délieras, il délia, ils délièrent, vous déliâtes, délie, aie délié, qu'ils dussent délier, avoir délié, délier, délie, qu'il délie, que vous déliassiez tous deux, que tu délies, puissent-ils délier! ayant délié (dat. masc. et fém. plur.), ils délieraient, ayant délié (nom. fém. sing.; acc. plur. neut.), que tu dusses délier, tu as délié, ils ont délié, qu'ils aient délié, que nous eussions délié, ils avaient délié, tu avais délié, que tu eusses délié, devoir délier.

---

§ 73-74.

Remarques sur la voix active des verbes en ω pur.

1° *Radicaux des temps.*

QUESTIONNAIRE.

D'où dérivent les radicaux des temps?

Combien y a-t-il de radicaux des temps, et quels sont-ils?

De quoi se compose le radical du présent et de l'imparfait?

Quel changement subit à ces deux temps la voyelle de liaison?

En quoi l'imparfait diffère-t-il du présent?

De quoi se compose le radical du futur, et qu'a-t-il de plus que le radical du présent?

La voyelle de liaison subit-elle les mêmes changements?

De quoi se compose le radical de l'aoriste, et en quoi diffère-t-il du radical du futur?

Que devient l'α à la troisième personne du singulier?

De quoi se compose le radical du parfait?

En quoi ressemble-t-il au radical de l'aoriste?

De quoi se compose le radical du plus-que-parfait?

En quoi diffère-t-il du radical du parfait?

---

§ 73-74.

Remarques sur la voix active des verbes en ω pur.

1° *Radicaux des temps.*

SUITE DU QUESTIONNAIRE.

Quels sont les temps qui prennent l'augment?

Cet augment sort-il de l'indicatif, et peut-il être considéré comme faisant partie du radical des temps?

Quels sont les temps qui prennent le redoublement?

Ce redoublement passe-t-il à tous les modes, et doit-il être considéré comme faisant partie du radical des temps?

Quel est le temps qui prend l'augment, outre le redoublement?

Quelle est, dans la caractéristique du futur et de l'aoriste, la lettre qui passe invariablement à tous les modes de ces deux temps?

Quelle est, dans la caractéristique du parfait, la lettre que l'on retrouve invariablement à tous les modes de ce temps?

En quoi le radical de l'aoriste indicatif diffère-t-il du radical du futur indicatif?

En quoi le radical du plus-que-parfait se distingue-t-il du radical du parfait?

Étant donné le radical verbal τοξευ, former le radical des temps suivants : imparfait, parfait et plus-que-parfait, aoriste et futur.

Quel est le nom des radicaux des temps qui suivent : κεκώλυκα, κωλύω, κωλύσω?

Quel en est le radical verbal?

§ 74-75.

Remarques sur la voix active des verbes en ω pur.

2° *Caractéristiques des modes.*

QUESTIONNAIRE.

A quels temps l'indicatif a-t-il une caractéristique de mode?

Comment reconnaît-on que ἐβούλευον, ἐβούλευσας, ἐβεβουλεύκειν (radical verbal, βουλευ), sont à l'indicatif?

Qu'est-ce qui caractérise l'impératif?

Par quoi est caractérisé le subjonctif?

Que deviennent, à ce mode, les voyelles brèves ο, ε, α, qui terminent le radical des divers temps de l'indicatif?

A quelles personnes l'η prend-il un ι souscrit?

Comment reconnaît-on que παιδεύῃς, παιδεύσητε, πεπαιδεύκωμεν sont au subjonctif?

Quel est le mode qui prend partout la voyelle ι comme caractéristique?

Quel est le temps qui, à ce mode, a la diphthongue αι devant les désinences?

Comment reconnaît-on que παιδεύοι, πεπαιδεύκοι, παιδεύσοι sont à l'optatif?

Comment reconnaît-on que παιδεύσαι est à l'optatif aoriste?

N'y a-t-il pas une seconde forme d'optatif aoriste qui prend la caractéristique ια?

La conjugaison de cette seconde forme ne rappelle-t-elle pas celle de l'aoriste indicatif?

---

§ 74-75.

Remarques sur la voix active des verbes en ω pur.

2° *Caractéristique des modes.*

SUITE DU QUESTIONNAIRE.

Quelles sont les différentes caractéristiques de l'infinitif?

A quel temps de l'infinitif appartiennent les formes suivantes : παιδεῦσαι, παιδεύσειν, πεπαιδευκέναι, παιδεύειν?

Du radical verbal τι former tous les temps de l'infinitif.

Quels sont les éléments dont se composent les infinitifs suivants : πορθμεύσειν, πεπορθμευκέναι et πορθμεῦσαι?

Quelles sont les diverses formes sous lesquelles apparaissent les caractéristiques des modes?

Quel est le mode qui est caractérisé à certains temps par l'augment?

Quel est celui qui est caractérisé par l'allongement des voyelles brèves, qui terminent le radical des divers temps à l'indicatif?

Quel est celui qui est caractérisé par un ι?

Quels sont ceux qui sont caractérisés par les désinences?

A quel temps et à quel mode appartiennent les formes suivantes du radical verbal παι?

παῖε, παίω, ἔπαιε, ἔπαισα, ἔπαισε, πέπαιχε, πέπαικα, ἐπεπαίχει, παίῃ, παίσῃ, παίσω, πεπαίχω, πεπαίχοι, παίσοι, παίοι, παῖσαι, παίσεια, παίσειε.

Quels sont les éléments dont se compose la forme suivante, ἐπεπαιδεύκει, dont le radical verbal est παιδευ?

Du radical verbal φυτευ, former le radical du parfait;

ajouter à ce radical de temps la caractéristique du subjonctif.

Du radical verbal δακρυ, former le radical de l'aoriste; joindre à ce radical de temps la caractéristique habituelle de l'optatif aoriste.

Comment reconnaît-on que βασιλεύσῃ (radical verbal, βασιλευ) est au subjonctif aoriste : ἐβασίλευε, à l'imparfait de l'indicatif; βασιλεύσεις, au futur indicatif; βασιλεύοι, à l'optatif présent; βεβασίλευκα, au parfait indicatif?

---

§ 74-75.

Supplément à la théorie du participe.

N. B. — Les participes se forment en ajoutant le suffixe ντ au radical des temps auxquels ils appartiennent. De ce suffixe le participe parfait ne garde que le τ, devant lequel l'α final du radical de ce temps se change en ο.

Ces deux éléments réunis, le radical du temps et le suffixe ντ, forment un nouveau radical, qui se décline à tous les genres et à tous les nombres comme les adjectifs de la troisième classe.

Le participe parfait prend au nominatif les terminaisons suivantes κως, κυια, κος.

QUESTIONNAIRE.

Comment se forment les participes?

Quel est le temps qui change la voyelle finale de son radical devant le suffixe τ?

Sur quels adjectifs se déclinent les participes?

Quel est celui dont le nominatif diffère des autres?

Du radical verbal βασιλευ, former le radical des participes, présent, parfait, aoriste et futur.

Comment ces participes feront-ils au nom. sing. mascul. et fémin., au datif pluriel des trois genres, au génitif sing. neutre?

Quel est le participe qui fait à l'acc. plur. masc. πεπιστευχυίας (radical verbal, πιστευ)?

Quels sont les éléments du participe suivant : πιστεύσαντας?

---

§ 75-76.

Remarques sur la voix active des verbes en ω pur.

3° *Désinences personnelles.*

QUESTIONNAIRE.

Les caractéristiques des personnes, ou désinences personnelles, varient-elles selon les temps, les modes, les nombres et les personnes?

Quelles sont les désinences communes aux temps principaux et aux temps secondaires, quel que soit le mode?

Quels sont les temps qui prennent une désinence à la première personne du singulier?

Quelle est la personne qui est toujours caractérisée par ς ou ις?

Quelle est la personne qui prend quelquefois la désinence ι?

En quoi la troisième personne du pluriel des temps principaux diffère-t-elle de la troisième personne du pluriel des temps secondaires?

Pourquoi l'aoriste et le parfait indicatif, dont les désinences sont les mêmes à toutes les autres personnes du singulier et du pluriel, ont-ils la troisième personne du pluriel, l'un en σι, et l'autre en ν?

A quelle classe de temps appartiennent les désinences du subjonctif?

A quelle classe de temps l'optatif emprunte-t-il ses désinences?

Quel mode et quelle personne indiquent les désinences μι et εν?

Quelles sont à l'impératif les désinences des troisièmes personnes?

Quelle est la voyelle longue que l'on trouve invariablement à toutes les troisièmes personnes de ce mode?

Le duel a-t-il toutes les personnes?

Quels sont les temps qui ont au duel les mêmes désinences?

Quels sont ceux qui prennent la désinence την à la troisième personne?

---

§ 75-76.

Remarques sur la voix active des verbes en ω pur.

3° *Désinences personnelles.*

SUITE DU QUESTIONNAIRE.

A quel temps, à quel mode et à quelle personne peuvent appartenir les désinences ν, μι?

A quelle personne appartiennent les désinences ς, ις, ι, μεν, τε, ν, τον, την?

A quel temps et à quel mode peuvent appartenir les désinences σι, εν, σαν, τον?

Comment reconnaît-on le temps, le mode et la personne des formes suivantes du radical verbal πιστευ?

Πιστεύει, ἐπίστευε, πιστεύωμεν, πιστεύοιτε, πιστεύσουσι, πιστεύσοιεν, πιστεύσειας, πιστεύσαιμι, ἐπίστευσε, πιστεύσῃ, πεπιστεύκασι, πεπιστεύκητον, πεπιστεύκοις, πεπιστευκοίτην, ἐπεπιστεύκειν, ἐπεπιστεύκεισαν.

Quels sont les éléments des temps suivants : ἐταριχεύομεν, ταριχεύσαιεν, τεταριχεύκῃ (radical verbal, ταριχευ)?

•D radical verbal μηνυ, former la deuxième personne du pluriel, la troisième personne du pluriel et du duel de l'impératif présent, la deuxième personne du singulier, la troisième personne du pluriel de l'impératif aoriste, la deuxième et la troisième personne du singulier de l'impératif parfait.

Quels sont les éléments dont se composent les impératifs suivants : βουλευσάτω, βεβουλευκέτωσαν (radical verbal, βουλευ)?

Supplément.

TERMINAISON DES VERBES.

N. B. — Le mot terminaison étant souvent employé dans nos classes, nous avons cru utile de dire ce qu'on doit entendre par terminaison.

De même que le radical des temps se compose du radical verbal et de la caractéristique de temps réunis, la terminaison se compose des éléments qui s'ajoutent au radical verbal.

Exemple : λύσομεν; radical verbal, λυ; radical du temps, λυσο; terminaison, σομεν.

λέλυκας; radical verbal, λυ; radical du temps, λέλυκα; terminaison, κας.

EXERCICE.

Quelles sont les terminaisons des temps suivants :

Δουλεύεις (radical verbal, δουλευ), δουλεύουσι, δουλευέτω, δουλεύῃς, δουλευέτωσαν, δουλεύοιμεν, δουλεύειν, δουλεύοντος, ἐδουλεύετε, ἐδούλευον.

Παιδεύσει (radical verbal, παιδευ), παιδεύσοιεν, παιδεύσοντες, παιδευσάντων, παιδεύσαιμι, παιδεύσαιτον, παιδεῦσαι, παιδεύσωμεν, παιδεύσατε, ἐπαιδεύσαμεν, παιδεύσητε, ἐπαίδευσαν.

Κεκωλύκασι (radical verbal, κωλυ), κεκωλύκῃς, κεκωλυκέτων, κεκωλύκωμεν, κεκωλύκοις, κεκωλυκότων, κεκωλυκέναι, ἐκεκωλύκεσαν, ἐκεκωλύκεις.

Dire à quelle personne, à quel nombre, à quel temps et à quel mode sont ces différentes formes de verbes.

---

§ 72-73.

Supplément.

N. B. — Les temps français n'ont pas toujours leur correspondant en grec : de ce nombre sont particulièrement le futur antérieur actif, le conditionnel présent et le conditionnel passé. Les Grecs y suppléent de la manière suivante :

Le futur antérieur actif se traduit en grec par le participe parfait actif et le futur du verbe εἰμί : exemple, j'aurai délié, λελυκὼς ἔσομαι.

Le conditionnel présent par l'imparfait de l'indicatif ou le présent de l'optatif avec la particule ἄν : exemple, je délierais, ἔλυον ἄν ou λύοιμι ἄν.

Le conditionnel passé se traduit par l'aoriste indicatif ou optatif et aussi par le plus-que-parfait avec la même particule ἄν : exemple, j'aurais délié, ἔλυσα ἄν, λύσαιμι ἄν ou ἐλελύκειν ἄν.

Ces règles générales suffiront aux commençants.

Nous avons déjà parlé du ν euphonique à propos du verbe εἰμί : à ce qui a été dit précédemment, nous devons ajouter que dans les verbes toutes les désinences en σι et toutes les troisièmes personnes du singulier terminées en ε prennent un ν euphonique devant un mot qui commence par une voyelle : exemple, ils délient des chevaux, λύουσιν ἵππους (pour λύουσι) ; aux hommes ayant achevé un travail, τοῖς ἀνθρώποις τοῖς ἀνύσασιν ἔργον (pour ἀνύσασι); il le frappa, ἔτυψεν αὐτόν (pour ἔτυψε).

Les élèves devront désormais ajouter le ν euphonique.

---

§ 72-73.

EXERCICES SUR LA VOIX ACTIVE.

N. B. — L'imparfait et le plus-que-parfait du subjonctif français se traduisent très-bien en grec par l'optatif aoriste : exemple, que je déliasse, que j'eusse délié, λύσαιμι.

Présent et imparfait. — Φονεύ-ω, je tue.

Il tue, tu tuais, ils tuaient, nous tuons, ils tuaient tous deux, que je tue, que nous tuions, qu'ils tuent, qu'il tuât, qu'ils tuassent, que je tuasse, puisses-tu tuer! ils tueraient, vous tueriez, puissiez-vous tuer! tue, tuer, qu'il tue, tuant (nom. fém. sing. et nom. masc. plur.).

Futur et aoriste. — Μηνύ-ω, j'indique.

Tu indiqueras, ils indiqueront, devoir indiquer, indiquer, devant indiquer (gén. masc. sing. et dat. masc. plur.), indique, tu indiquas, ils indiquèrent, il indiqua, indique, que tu dusses indiquer, que vous dussiez indiquer tous deux, qu'il indique, que nous indiquions, que tu indiquasses, que vous indiquassiez, il aurait indiqué, ils auraient indiqué, que j'eusse indiqué, que vous eussiez indiqué, ayant indiqué (acc. masc. sing. et plur.).

Parfait, plus-que-parfait et futur antérieur. — Τί-ω, j'estime.

Nous avons estimé, tu as estimé, ils ont estimé, vous aviez estimé, ils avaient estimé, aie estimé, ayez estimé, qu'ils aient estimé tous deux, qu'il eût estimé, qu'ils eussent estimé, que vous eussiez estimé, avoir estimé, ayant estimé (dat. neutre sing.; dat. masc. plur.; acc. masc. plur.; dat. fémin. sing.), tu auras estimé, elle aura estimé, vous aurez estimé, elles auront estimé.

§ 67-68 *bis*.

Supplément aux règles de l'augment et du redoublement.

N. B. — Nous avons déjà parlé, à propos de l'augment syllabique, des altérations que subissent dans les verbes composés les prépositions terminées par une voyelle. Nous avons dit et nous répétons ici que toutes ces prépositions, excepté περί et πρό, perdent leur voyelle finale devant l'augment ε. Exemple :

διά-γράφω, je décris, imp. δι-έγραφον,
ἀπο-βαίνω, je descends, imp. ἀπ-έβαινον,
προ-κρίνω, je préfère, imp. προ-έκρινον ou προὔκρινον,
περι-πλέκω, j'enveloppe, imp. περι-έπλεκον.

Pour compléter ces premières observations, nous allons parler des altérations que subissent les prépositions ἐν, σύν, ἐκ devant le radical verbal de certains verbes composés, et dire ce qu'elles redeviennent devant l'augment syllabique.

Les prépositions ἐν et σύν changent le ν final :

1° En μ devant les muettes du premier ordre (β, π, φ), et devant ψ et μ. Exemple :

ἐμ-βάλλω, je jette, pour ἐν-βάλλω.
συμ-μίγνυμι, je mêle, pour συν-μίγνυμι,
ἐμ-ψύχω, je rafraîchis, pour ἐν-ψύχω,
συμ-βαίνω, je marche, pour συν-βαίνω.

2° En γ devant les muettes du second ordre (γ, κ, χ) et devant ξ. Exemple :

συγ-κινδυνεύω, je cours un danger, pour συν-κινδυνεύω.
ἐγ-χέω, je verse, pour ἐν-χέω.

3° En λ devant λ. Exemple :

ἐλ-λείπω, je manque, pour ἐν-λείπω,
συλ-λαμβάνω, je secours, pour συν-λαμβάνω.

4° La préposition σύν tantôt perd le ν final et tantôt le change en ρ ou en σ.

Elle perd le ν final devant les verbes qui commencent par un σ suivi d'une autre consonne, ou par un ζ. Exemple :

συ-στέλλω, je resserre, pour συν-στέλλω,
συ-ζητέω, je cherche, pour συν-ζητέω.

Elle change le ν en ῥ devant un ῥ. Exemple :

συῤ-ῥίπτω, je jette, pour συν-ῥίπτω.

Elle change le ν en σ devant un σ suivi d'une voyelle. Exemple :

συσ-σιτέω, je mange, pour συν-σιτέω.

5° Ces principes une fois posés, il est facile de prévoir ce que redeviendront les prépositions ἐν et σύν devant l'augment syllabique dans les verbes composés.

Si les prépositions ἐν et σύν ont perdu ou changé le ν final à cause de la consonne suivante, ce ν reparaîtra devant l'augment syllabique ε. Exemple :

ἐμ-βάλλω,	imparf. ἐν-έβαλλον,
συμ-βαίνω,	imparf. συν-έβαινον,
ἐμ-ψύχω,	imparf. ἐν-έψυχον,
συμ-μίγνυμι,	imparf. συν-εμιγνυν,
συγ-κινδυνεύω,	imparf. συν-εκινδύνευον,
ἐγ-χέω,	imparf. ἐν-έχεον,
ἐλ-λείπω,	imparf. ἐν-έλειπον,
συλ-λαμβάνω,	imparf. συν-ελάμβανον,
συρ-ρίπτω,	imparf. συν-έῤῥιπτον,
συ-στέλλω,	imparf. συν-έστελλον,
συ-ζητέω,	imparf. συν-εζήτουν,
συσ-σιτέω,	imparf. συν-εσίτουν.

6° La préposition ἐκ se change en ἐξ devant les verbes dont le radical commence par une voyelle. Exemple :

ἐξ-άγω, je conduis, pour ἐκ-άγω,
ἐξ-ελαύνω, je pousse, pour ἐκ-ελαύνω,
ἐξ-ίστημι, je place, pour ἐκ-ίστημι,
ἐξ-οδεύω, je pars, pour ἐκ-οδεύω.

Il en est de même devant l'augment ε. Exemple :

ἐκ-πίπτω, je tombe, imparf. ἐξ-έπιπτον, pour ἐκ-έπιπτον,
ἐκ-βάλλω, je jette, imparf. ἐξ-έβαλλον, pour ἐκ-έβαλλον.

Nota. — Ce que nous venons de dire des trois prépositions ἐν, σύν, ἐκ devant l'augment syllabique, a lieu pareillement devant le redoublement, quand il n'est autre que l'augment syllabique ε. Exemple :

ἐμ-ψύχω,	parf. ἐν-έψυχα,
συ-στέλλω,	parf. συν-έσταλκα,
συλ-λαμβάνω,	parf. συν-είληφα,
συῤ-ῥίπτω,	parf. συν-έῤῥιφα.

---

§ 67-68 *bis*.

Supplément aux règles de l'augment et du redoublement.

EXERCICE.

Dire quel sera l'indicatif présent des verbes composés qui ont les imparfaits et aoristes suivants :

ἐν-έβαπτον,	je trempais,	συν-εγήρασκον,	je vieillissais,
συν-έπλεκον,	j'enlaçais,	ἐξ-έφυσα,	je produisis,
συν-έμενον,	je restais,	συν-έκλεισα,	je fermai,
ἐν-εφύτευσα,	je plantai,	ἐξ-έτριβον,	j'écrasais,
συν-έλουσα,	je baignai,	συν-έτρεχον,	je courais,
ἐξ-έφαινον,	je montrais,	ἐξ-έπαυσα,	je fis cesser,
συν-εσκίαζον,	j'ombrageais,	συν-έσεισα,	j'ébranlai,
ἐν-έπτυσα,	je crachai,	ἐν-έβαινον,	je montais.

Dire quel sera l'indicatif présent des verbes composés qui ont les parfaits et plus-que-parfaits suivants :

συν-εστράτευκα,	j'ai fait la guerre,
ἐν-νενυχεύκειν,	j'avais passé la nuit,
ἐξ-ωδεύκειν,	j'étais parti,
συν-ήνυκα,	j'ai achevé.

---

§ 72-73.

THÈME SUR LA VOIX ACTIVE.

Première partie.

N. B. — Les locutions conjonctives *afin que*, *afin de*, *pour que*, *pour*, devant un verbe, se traduisent très-bien en grec par les conjonctions ἵνα, ὡς, ὅπως, avec le subjonctif ou l'optatif, selon le temps du verbe qui précède.

Le grec suit à cet égard les mêmes règles de concordance que le latin et le français. Le verbe qui précède est-il au présent ou au futur, le verbe qui suit les conjonctions ἵνα, ὡς, ὅπως, se met au subjonctif. Exemple : je viens, je viendrai pour tirer de l'arc, ἔρχομαι, ἐλεύσομαι ἵνα τοξεύω. Est-il à un des temps du passé, le verbe qui suit ces conjonctions se met généralement à l'optatif. Exemple : ils venaient, ils vinrent, ils sont venus, ils étaient venus pour danser, ἤρχοντο, ἦλθον, ἐληλύθασι, ἐληλύθεσαν ὅπως χορεύοιεν.

Les élèves devront désormais ajouter le ν euphonique.

L'habile jardinier du parc voisin plante (ἐμ-φυτεύω, acc.), plantait, plantera, aurait planté de très-grands arbres. Le berger de mon père laverait (λούω, acc.), aura lavé les blanches toisons des grasses brebis dans (ἐν, dat.) les eaux très-limpides de la fontaine. Ces guerriers les plus illustres de tous, et dont vous honoriez (τίω, acc.), vous aviez honoré le noble courage, se distinguaient (συν-αριστεύω), se distinguèrent, s'étaient distingués dans (ἐν, dat.) beaucoup de combats. Sept jeunes gens vigoureux et neuf jeunes filles plus modestes qu'élégantes dansaient (ἐγ-χορεύω), dansèrent, ont dansé, danseraient dans (ἐν, dat.) la prairie très-belle qu'arrosent (ἀρδεύω, acc.) deux ruisseaux. Beaucoup de loups hurlent (ὠρύω), hurlaient, hurlèrent, hurleront, auraient hurlé dans (ἐν, dat.) la saison de l'hiver. Les athlètes plus nombreux frottent (συγ-χρίω, acc.), frottaient, frottèrent, ont frotté, avaient frotté leur corps (avec de l'huile, dat.). Qui de vous, ô cavaliers très-nombreux, plus courageux que compatissants, indiquera (ἐκ-μηνύω, acc.), indiquerait, aurait indiqué, indiquait, indique la route à cet homme infirme et aveugle? O vous, prêtres très-pieux, immolez (συν-θύω, acc.), ayez immolé, que vous immoliez, que vous eussiez immolé, puissiez-vous immoler, que vous dussiez immoler cent bœufs et deux cents génisses à tous les dieux immortels! Quiconque tue (φονεύω), a tué, tuera (sera puni de mort, τῷ θανάτῳ ζημιωθήσεται).

---

§ 72-73.

THÈME SUR LA VOIX ACTIVE.

Deuxième partie.

Que le sage cède (δουλεύω, dat.), qu'il cédât, qu'il eût cédé, qu'il dût céder, qu'il ait cédé, puisse-t-il céder à la nécessité! Enfants, ne soyez pas esclaves (ne pas, μή, être esclave, δουλεύειν, dat.) de la nécessité. Élèves, écoutez (ἀκούσατε, gén.) ceux qui vous (dat.) indiquent (μηνύω, acc.), qui vous indiqueront, qui vous indiquèrent, qui vous ont indiqué (*tournez :* ceux qui, *par* les *avec le participe*) les plus glorieuses actions de l'histoire. Ayez foi en (πιστεύω, dat.) ceux qui vous ont instruits (παιδεύω, acc.), qui vous instruisent, qui vous instruisirent, qui vous instruiront (*tournez* ceux qui *comme dans la phrase précédente*). Le voleur hardi, plus hardi, dépouille (ἐκ-δύω, acc.), dépouillait, dépouillerait, dépouillera, aura dépouillé, aurait dépouillé, dépouilla, avait dépouillé trois voyageurs très-imprudents. (*Mettre cette même phrase au pluriel.*) L'esclave puise (ἐξ-αρύω, acc.), puisait, a puisé, puisera beaucoup d'eau au puits profond (gén.). Le maître laborieux apprend (μανθάνει), pour qu'il (ἵνα) instruise (παιδεύω, acc.), qu'il ait instruit les élèves studieux. Les maîtres laborieux apprenaient (ἐμάνθανον), afin qu'ils (ἵνα) instruisissent, qu'ils dussent instruire, qu'ils eussent instruit les élèves studieux. Je crois (νομίζω) que Dieu, père de tous les hommes, règne, régnera, a régné toujours (acc. — *tournez par la proposition infinitive*). Les hommes ambitieux font tous leurs efforts (κατατείνονται), afin de (ὅπως) se distinguer (ἀριστεύω); ils redoubleront d'efforts (ἐντενοῦνται) pour (ἵνα) tenir le premier rang (πρωτεύω). Combien d'hommes travaillaient (διεπόνουν), afin de (ὡς) tenir le premier rang; combien d'hommes ont travaillé (διεπόνησαν), pour (ἵνα) se distinguer! Le laboureur diligent avait soin d' (ἐπεμελεῖτο ὅπως) achever (ἀνύω, acc.) ses travaux plus nombreux et très-pénibles.

N. B. — Pour s'habituer aux formes si variées de la conjugaison grecque, les élèves devront souvent convertir les phrases de singulier en pluriel, et réciproquement.

---

§ 76-77.

Voix moyenne.

N. B. — En général, le moyen n'a que le sens indirectement réfléchi : λύεσθαι signifie plutôt *délier pour-soi* que *se délier soi-même*.

Exemple : je me délie moi-même, λύω ἐμαυτόν ; je délie pour moi (*c'est-à-dire* je me fais délivrer) le prisonnier, λύομαι τὸν αἰχμάλωτον ; je me laverai (je laverai à moi) les mains, λούσομαι τὰς χεῖρας ; il se déliait (il déliait à soi) les pieds, ἐλύετο τοὺς πόδας ; s'étant baigné (ayant baigné à soi, sous-entendu le corps), λουσάμενος, sous-entendu τὸ σῶμα.

L'optatif présent λυοίμην se traduira bien en français par, puissé-je délier pour moi, ou me délier !

Le subjonctif et l'optatif parfait se forment par circonlocution : au participe parfait qui se décline à tous les genres et à tous les nombres, le subjonctif ajoute ὦ, ᾖς, et l'optatif εἴην, εἴης, empruntés au verbe εἰμί.

Toutes les remarques faites au sujet de la voix active pour la traduction de certains temps français (voyez, plus haut, le *Supplément* aux § 72-73 de la *Grammaire*) s'appliquent à la voix moyenne et passive.

Avant de faire le devoir suivant, les élèves devront savoir très-bien la voix moyenne de λύω. Ne se servir que des temps de cette voix.

EXERCICE.

Je délie pour moi, tu te déliais, vous déliez pour vous, ils déliaient pour eux, qu'il se délie, que tu déliasses pour toi, puissiez-vous délier pour vous! déliant pour toi (nom. fém. sing.; gén. masc. plur.; dat. neut. plur.), ils se déliaient tous deux, nous délierons pour nous, devant se délier (gén. fém. sing.; dat. fém. plur.), tu délieras pour toi, il délie pour lui, ils délièrent pour eux, vous vous déliâtes, tu te délias, délie-toi, aie délié pour toi, qu'ils dussent délier pour eux, avoir délié pour soi, se délier, délie pour toi, qu'il délie pour lui, que vous vous déliassiez tous les deux, que tu délies pour toi, puissent-ils délier pour eux! ayant délié pour soi (dat. masc. plur.; et fém. plur.), ils se délieraient, ils auraient délié pour eux, tu délierais pour toi, vous vous délieriez, ayant délié pour toi (nom. fém. sing.; acc. neut. plur.), que tu dusses délier pour toi, tu as délié pour toi, ils se sont déliés, ils auront délié pour eux, tu te délieras, qu'ils aient délié pour eux, que nous eussions délié pour nous, nous nous étions déliés, ils avaient délié pour eux, tu avais délié pour toi, que tu eusses délié pour toi, devoir délier pour soi.

§ 77-78.

Remarques sur la voix moyenne.

1° *Temps.*

QUESTIONNAIRE.

Quels sont les radicaux des temps communs aux deux voix moyenne et active?

En quoi le radical du parfait moyen diffère-t-il du radical du parfait actif?

EXERCICE.

Étant donné le radical verbal ἑρμηνευ, former le radical des temps suivants de la voix moyenne : imparfait, parfait, plus-que-parfait, aoriste et futur.

Quel est le nom du radical des temps moyens qui suivent : τέτισαι, τιόμεθα, τίσονται (radical verbal, τι)?

Quels sont les éléments dont se composent les formes moyennes suivantes : ἐσείσα-σθε, ἐσέσει-το (radical verbal, σει)?

N. B. — Nous séparons ici par un trait les désinences personnelles, dont les élèves n'ont pas à tenir compte en ce moment.

---

§ 78-79.

Remarques sur la voix moyenne.

2° *Modes.*

QUESTIONNAIRE.

Les caractéristiques des modes sont-elles les mêmes aux deux voix moyenne et active?

Quel est le mode qui est caractérisé à certains temps par l'augment?

Quels sont les modes qui ne sont caractérisés que par leurs désinences?

Quel est le mode qui est caractérisé par l'allongement de la voyelle finale du radical des temps de l'indicatif?

Quel est celui qui est caractérisé par l'addition d'un ι au radical des temps?

Quel mode indiquent, dans les verbes en ω pur, les diphthongues οι et αι placées devant les désinences?

EXERCICE.

N. B. — Comme au § 77-78, nous séparons ici par un trait les désinences personnelles, dont les élèves n'ont pas à tenir compte en ce moment.

Dire à quel temps et à quel mode de la voix moyenne peuvent être les formes suivantes du radical verbal παυ : παύο-μαι, παύσο-μαι, παύσῃ, παύῃ, παύσε-σθε, παύοι-το, παύσοι-ντο, παυσαί-μεθα, ἐπαύσω, ἐπαύσα-σθον, παύσῃ-ται, παύσω-νται, ἐπέπαυ-σθε, πέπαυ-ται.

Du radical verbal ἀνυ, former le radical de l'aoriste moyen, et joindre à ce radical du temps la caractéristique de l'optatif.

Comment reconnaît-on à la voix moyenne que δακρύσῃ-ται (radical verbal, δακρυ) est au subjonctif aoriste; ἐδακρύε-το à l'imparfait de l'indicatif; δακρυσό-μεθα, au futur indicatif; δακρύοι-ντο, à l'optatif présent; δεδάκρυ-σαι, au parfait indicatif?

§ 79-80.

Remarques sur la voix moyenne.

3° *Désinences personnelles.*

N. B. — Dans les réponses aux questions qui suivent, les élèves ne tiendront point compte de l'impératif dont nous parlerons plus loin.

QUESTIONNAIRE.

Si les caractéristiques des temps et des modes sont généralement les mêmes à l'actif et au moyen, comment peut-on distinguer ces deux voix l'une de l'autre?

A la voix moyenne, les temps principaux et les temps secondaires ont-ils à toutes les personnes les mêmes désinences?

Quelles sont les désinences communes à ces deux classes de temps?

Quelles sont les désinences des temps principaux à la première personne du singulier, à la troisième personne du singulier, du pluriel et du duel?

Quelles sont les désinences des temps secondaires à ces mêmes personnes?

Comme à l'actif, le subjonctif prend-il à tous les temps les désinences des temps principaux, de même que l'optatif prend celles des temps secondaires?

Quelle était la terminaison primitive des secondes personnes suivantes : λύῃ, λύσῃ, ἐλύου, ἐλύσω, λύσω, λύσοιο, λύσαιο?

Quels sont les modes du parfait qui se forment par circonlocution?

De quoi se composent-ils?

A quel temps, à quel mode et à quelle personne peuvent appartenir les désinences suivantes : μεθα, σθε, μεθον, σθον, μαι, σαι, ται, μην, σο, το, ντο, σθην, ο, ῃ, ω, ου?

Comment reconnaît-on le temps, le mode et la personne des formes moyennes suivantes des radicaux verbaux φυτευ, πορθμευ et μαστευ :

Φυτεύεται, ἐφυτεύετο, φυτευώμεθα, φυτεύοισθε, φυτεύσονται, φυτεύσοιντο, φυτευσοίμεθον?

Πορθμεύσαιο, πορθμευσαίσθην, πορθμευσαίμην, ἐπορθμεύσατο, πορθμευθήσεται, πεπόρθμευνται?

Μεμαστευμένοι ἦτε, μεμαστευμένος εἴης, μεμαστευμένω εἰήτην, ἐμεμαστεύμην, ἐμεμάστευντο?

Dire quels sont les éléments dont se composent les temps suivants :

Πεφύτευσθε, φυτεύσηται, φυτεύσοιντο, ἐφυτευσάμεθον.

---

§. 79-80.

Remarques sur la voix moyenne.

3° *Désinences personnelles, etc.*

N. B. — Comme à la voix active, les participes prennent après la caractéristique un suffixe, qui est à la voix moyenne μενο pour le masculin et le neutre, μενη pour le féminin. Le radical du temps, la caractéristique du mode et le suffixe réunis forment un nouveau radical, qui prend les désinences des adjectifs de la première classe. Les participes suivent la déclinaison de ces adjectifs à tous les genres et à tous les nombres.

SUITE DU QUESTIONNAIRE.

L'impératif a-t-il des caractéristiques de personnes ou désinences?

Quelle est à la deuxième personne du singulier la terminaison de l'impératif présent et aoriste?

Quel est le temps de l'impératif qui à cette même personne prend la désinence σο?

Quelle est la voyelle longue qui caractérise les désinences de toutes les troisièmes personnes, singulier, pluriel et duel?

A quel temps et à quelle personne de l'impératif sont les formes suivantes du radical verbal παιδευ :

Παιδεύου, παιδεῦσαι, πεπαίδευσο, πεπαίδευσθε, παιδευέσθω, παιδευσάσθωσαν, πεπαιδεύσθων?

Quels sont les éléments des impératifs suivants : πορευσάσθω, πορεύεσθε, πεπόρευσο, πορεῦσαι, πεπορεύσθων, πορευσάτω?

Quelle est à tous les temps la caractéristique de l'infinitif?

Quels sont à tous les temps le suffixe et la désinence des participes?

Comment se déclinent les participes?

Comment reconnaît-on les différents temps de l'infinitif et du participe?

Du radical verbal χορευ, former tous les temps de l'infinitif et du participe.

A quel temps et à quel mode sont les formes suivantes du radical verbal βουλευ : βεβουλεύσθαι, βουλεύσασθαι, βουλεύσεσθαι, βουλεύεσθαι, βουλευσόμενος, βουλευσάμενος, βουλευόμενος, βεβουλευμένος.

Quel est le radical de ces temps? Quelle en est la terminaison?

Dire de quels éléments se composent les participes et infinitifs suivants :

Κεχορευμένος, χορευσάμενος, χορευσόμενος, χορεύεσθαι, χορεύσασθαι, κεχορεύσθαι, χορεύσεσθαι, χορευόμενος (radical verbal, χορευ).

§ 76-77.

EXERCICE SUR LES TERMINAISONS DE LA VOIX MOYENNE.

Quelles sont les terminaisons des temps qui suivent :

Γεύῃ (radical verbal, γευ), γεύονται, γευέσθω, γευέσθωσαν, γεύοιο, γευοίμεθα, γεύεσθαι, γευόμενος, ἐγεύεσθε, ἐγεύοντο, ἐγεύου?

Πολιτεύσῃ (radical verbal, πολιτευ), πολιτεύσοιντο, πολιτευσόμενοι, πολιτευσαμένων, πολιτευσαίμην, πολιτευσάσθων, ἐπολιτεύσω, πολιτεύσαιο, πολιτευσώμεθα, ἐπολιτευσάμεθα, πολιτεύσαιτο, πολιτεύσασθε, ἐπολιτεύσαντο?

Τεθεράπευνται (radical verbal, θεραπευ), τεθεραπεύσθων, τεθεραπεύσθαι, τεθεραπευμένων, τεθεράπευσαι, ἐθεράπευσο, ἐθεράπευντο?

A quel temps, à quel mode, à quelle personne et à quel nombre sont ces différentes formes de verbes?

Quels sont les deux temps qui se composent du participe parfait suivi du subjonctif ou de l'optatif présent du verbe εἰμί?

---

§ 76-77.

EXERCICE SUR LA VOIX MOYENNE.

Présent et imparfait, ἐκ-παύ-ομαι, je cesse.

Tu cesses, il cessait, tu cessais, nous cessons, ils cessaient tous deux, que je cesse, que nous cessions, qu'ils cessent, qu'il cessât, qu'ils cessassent, que je cessasse, puisses-tu cesser! ils cesseraient, vous cesseriez, puissiez-vous cesser! cesser, cesse, qu'ils cessent, cessant (nomin. fém. sing.; nomin. masc. plur.; acc. plur. neutre).

Futur et aoriste, εἰσ-αρύ-ομαι, je puise.

Tu puiseras, ils puiseront, devoir puiser, puiser, devant puiser (gén. masc. sing.; acc. masc. plur.); puise, tu puisas, ils puisèrent, il puisa, que tu puises, que tu dusses puiser, que vous dussiez puiser tous deux, qu'il puise, que nous puisions, que tu puisasses, que vous puisassiez, il aurait puisé, nous aurions puisé, que j'eusse puisé, que vous eussiez puisé, ils auraient puisé, ayant puisé (acc. masc. sing. et plur.).

Parfait et plus-que-parfait, συλ-λού-ομαι, je me baigne.

Nous nous sommes baignés, tu t'es baigné, ils se sont baignés, vous vous étiez baignés, ils s'étaient baignés, baigne-toi, baignez-vous, qu'ils se soient baignés, que je me sois baigné, qu'ils se soient baignés tous deux, qu'il se fût baigné, qu'ils se fussent baignés, ils se seraient baignés, s'être baigné, s'étant baigné (dat. masc. sing.; dat. masc. neutre; acc. masc. plur.; dat. fémin. sing.).

---

§ 76-77.

THÈME SUR LA VOIX MOYENNE.

N. B. — *Après*, suivi du prétérit de l'infinitif français, se traduit très-bien en grec par le participe aoriste. Exemple : après avoir délié, λύσας, après s'être baigné, λουσάμενος.

Ces locutions, *près de, sur le point de, au moment de*, suivies du présent de l'infinitif français, se traduisent très-bien en grec par le participe futur. Exemple : près de délier, λύσων, sur le point de se baigner, λουσόμενος, au moment de se revêtir de ses armes, ἐνδυσόμενος τὰ ὅπλα.

Les Grecs ont fondé (ἐν-ιδρύομαι, acc.), fondaient, fonderont, fonderaient, auraient fondé beaucoup de villes dans (ἐν, dat.) toute l'Asie. Les vaillants soldats de notre armée, après s'être dépouillés de (ἐκ-δύομαι, acc.) leurs vêtements (*leurs* ne se traduit pas), se baignèrent (λούομαι), se sont baignés dans (ἐν, dat.) les eaux limpides du fleuve, et se mirent en route (πορεύομαι) pour (ἵνα) faire campagne (συ-στρατεύομαι). Les mêmes fantassins se revêtent (ἐν-δύομαι, acc.), se revêtiront d'un manteau pour (ὅπως) faire (πορεύομαι) une longue route (acc.), et, après avoir fait campagne, ils se reposeront (ἀνα-παύομαι). Quel homme riche délivre (ἐκ-ρύομαι, acc.) délivrera, délivrerait, aurait délivré, délivra, a délivré, avait délivré de la servitude (gén.) ce prisonnier, père de tant d'enfants? O vous, juges bienveillants, très-bienveillants, protégez (ῥύομαι, acc.), ayez protégé, que vous protégiez, que vous eussiez protégé, puissiez-vous protéger! que vous dussiez protéger l'homme innocent. Chez (παρά, dat.) les Grecs, les athlètes se frottent (συγ-χρίομαι, acc.) se frottaient, se frottèrent, se sont frotté, s'étaient frotté le corps avec de l'huile (dat.) Le cavalier, au moment de faire campagne, baigne (λούομαι, acc.), baignera, baignerait, aurait baigné son cheval (*tournez :* le cheval). Les colons, sur le point de fonder (ἐν-ιδρύομαι, acc.) une ville, s'apprêtent (παρασκευάζονται). Le père studieux, plus studieux que le fils, s'instruit (παιδεύομαι), s'instruira, pour (ὡς) s'honorer (τίομαι). Les enfants très-laborieux s'instruisaient, se sont instruits, s'étaient instruits, afin de (ἵνα) s'honorer. Je dis que (λέγω ὅτι) l'esclave puisait de l'eau (ὑδρεύομαι), a puisé, puisera, puisa de l'eau. (*Reproduire cette dernière phrase avec la tournure de la proposition infinitive.*)

N. B. — Souvent les élèves pourront utilement tourner les phrases précédentes de singulier en pluriel et réciproquement.

§ 80-81.

Voix passive.

QUESTIONNAIRE.

Quels sont les temps de la voix moyenne qui sont communs à la voix passive?

Quels sont les temps particuliers à la voix passive?

Cette voix n'a-t-elle pas deux formes qui sont des espèces de participes?

Comment les appelle-t-on?

EXERCICE.

N. B. — Avant de faire le devoir suivant, les élèves devront savoir très-bien la voix passive du verbe λύω.

Tu es délié, il fut délié, vous avez été déliés, il était délié, ils avaient été déliés, nous sommes déliés, nous serons déliés, vous aurez été déliés, ils auraient été déliés tous deux, sois délié, soyez déliés, qu'il soit délié, qu'ils aient été déliés, que tu sois délié, que j'aie été délié, qu'ils aient été déliés, que nous ayons été déliés, que tu aies été délié, que nous soyons déliés, que tu fusses délié, puisse-t-il être délié! que vous fussiez déliés, puissent-ils être déliés! qu'ils eussent été déliés, qu'il eût été délié, que vous eussiez été déliés tous deux, que tu dusses être délié, que vous dussiez être délié, que nous dussions être déliés tous deux, que j'eusse dû être délié, qu'il eût dû être délié, qu'ils eussent dû être déliés, être délié, avoir été délié, devoir être délié, avoir dû être délié; ayant dû être délié (acc. masc. sing. et plur.); délié (dat. masc. sing. et plur.); ayant été délié (dat. masc. et fém. duel); étant délié (acc. sing. et plur. neutre); devant être délié (gén. sing. masc.; dat. fém. plur.; acc. masc. plur.); qui est ou peut être délié (acc. plur. masc. et dat. fém. sing.); qui doit être délié (dat. masc. plur. et acc. fém. sing.).

---

§ 81-82.

Remarques sur la voix passive.

N. B. — Nous proposons, pour les temps particuliers à la voix passive, de compléter de la manière suivante les remarques de la grammaire.

Le radical du futur est λυθησο pour λυθε-εσο. Cette contraction résulte de la combinaison de la syllabe θε avec les modes du futur du verbe εἰμί; λυθήσομαι pour λυθε-έσομαι.

Le radical de l'aoriste est λυθη pour λυθε dont l'ε s'élide ou se contracte devant les différents temps du verbe εἰμί avec lesquels il se combine. Ainsi ἐλύθην est pour ἐλυθέ-ην, λυθῶ est pour λυθέ-ω, λυθείην pour λυθε-είην, comme λύθητι est pour λυθέ-εθι et λυθῆναι pour λυθέ-εναι; seul le participe conserve la syllabe θε, sans altération, λυθέ-ντος.

Le radical du futur antérieur est λελυσο.

Les désinences personnelles des deux futurs passifs sont les mêmes que celles du futur moyen.

Les désinences personnelles de l'aoriste sont, à tous les modes, celles des temps secondaires de l'actif. Le duel n'a point de première personne. L'impératif a la désinence τι à la deuxième personne du singulier; l'infinitif prend la caractéristique ναι.

Le participe aoriste passif ajoute au radical primitif du temps λυθε le suffixe ντ que nous avons déjà vu à la voix active. Il se décline comme les adjectifs de la troisième classe. Comme tous les participes, il n'a pas de caractéristique de mode.

Les adjectifs verbaux ajoutent au radical verbal λυ les suffixes τό et τέο. Ils se déclinent comme ἀγαθός.

Nous verrons plus tard les exceptions.

---

§ 81-82.

Remarques sur la voix passive.

QUESTIONNAIRE.

Quel est le radical du futur passif de λύω ?

De quoi se compose-t-il ?

Quel est le radical de l'aoriste passif ?

Quel est le mode où se retrouve sans altération le radical de temps λυθε ?

Que devient l'ε aux autres modes ?

Quel est le temps du verbe εἰμί que l'on retrouve au futur passif ?

Quels sont les temps de ce même verbe que l'on retrouve à l'aoriste passif ?

Où sont placées les caractéristiques des modes ?

Quelle est la caractéristique de mode à l'indicatif, à l'optatif et au subjonctif aoriste ?

Dans λύθητι et λυθῆναι, quelle est la caractéristique de mode ?

A quelle classe de temps de la voix active appartiennent les désinences personnelles de l'aoriste à tous les modes ?

Quelle est la désinence de la deuxième personne du singulier à l'impératif aoriste ?

Quelle est la caractéristique de l'infinitif ?

L'aoriste a-t-il au duel une première personne ?

Comment se forme le participe aoriste passif, et sur quoi se décline-t-il ?

Comment fait-il au nominatif féminin singulier, au datif pluriel masculin et neutre ?

A-t-il une caractéristique de mode ?

Quel est le radical du futur antérieur ? De quoi se compose-t-il ?

A-t-il les mêmes caractéristiques de modes et de personnes que le futur moyen et le futur passif?

En quoi diffère-t-il du futur moyen? Qu'y a-t-il de plus au futur passif qu'au futur moyen?

Comment se forment les adjectifs verbaux et sur quoi se déclinent-ils?

---

§ 81-82.

EXERCICE SUR LA VOIX PASSIVE.

N. B. — Comme aux § 77-78 et 78-79, nous séparons ici par un trait les désinences personnelles dont les élèves n'ont pas à tenir compte en ce moment.

Étant donné le radical verbal παιδευ, quel sera le radical des temps suivants : futur passif, futur antérieur et aoriste passif?

Du même radical former le participe aoriste et les radicaux verbaux.

Quel est le nom du radical des temps qui suivent : πεφόνευ-σαι, φονευθήσε-ται, φονευό-μεθα (radical verbal, φονευ)?

Changer le futur moyen πιστεύσομαι en futur passif et en futur antérieur. Changer le futur passif λουθήσομαι en futur moyen et en futur antérieur. Changer le futur antérieur τετίσομαι en futur passif et en futur moyen.

A quel temps et à quel mode de la voix passive peuvent être les formes suivantes du radical verbal φυτευ : φυτευθήσε-σθε, φυτευθήσο-νται, φυτευθήσοι-ντο, ἐφυτεύθη-σαν, φυτευθῆ-τε, φυτευθῆ-ς, φυτευθῶ-μεν, φυτευθέντος, φυτευθείη-τε, ἐπεφύτευ-το, πεφύτευ-σαι, φυτευτέοι, πεφυτεύσοι-ο, πεφυτεύσε-σθον, πεφυτεύσο-μαι?

Quels sont les éléments dont se composent les formes

passives suivantes : ἐφυτεύθη, φυτευθῶ, φυτευθήσε-ται, πεφυτευσοί-μην, πεφυτεύσε-σθε?

Faire du radical verbal χορευ le radical de l'aoriste passif ; joindre à ce radical des temps la caractéristique de l'optatif aoriste passif. Comment reconnaît-on à la voix passive que δακρυθήσε-ται (radical verbal, δακρυ) est au futur indicatif, δεδακρύσο-μαι au futur antérieur indicatif, δεδακρύσοι-το à l'optatif futur antérieur, ἐδακρύθη à l'aoriste indicatif, δακρυθῶ et δακρυθῇ au subjonctif aoriste, δακρυθείη à l'optatif aoriste, δακρυθέντ-ας au participe aoriste ?

---

§ 81-82.

EXERCICE SUR LA VOIX PASSIVE.

A quel temps de la voix passive peuvent appartenir les désinences suivantes : ν, ς, μεν, τε, σαν, τον, την, τι, τω, τωσαν, των, ναι?

Comment reconnaît-on le temps, le mode et la personne des formes passives suivantes du radical verbal βασιλευ : βασιλευθήσομαι, βασιλευθήσεσθε, βασιλευθήσοιο, βασιλευθήσοιντο, βεβασιλεύσεται, βεβασιλεύσονται, βεβασιλευσόμεθον, βεβασιλεύσεσθαι, βασιλευθησόμενος, βασιλεύθητι, βασιλευθῆναι, ἐβασιλεύθη, βασιλευθήτωσαν, βασιλευθῶμεν, βασιλευθεῖσι, βασιλευθέντων, βασιλευθέντα, βασιλευθῶσι, βασιλευθείης, βασιλευτός, βασιλευτέα, βασιλευθείησαν, βασιλευθειήτην ?

Dire quels sont les éléments dont se composent les temps suivants :

Κεκωλύσομαι, κεκωλύσοιντο, κεκωλύσεσθαι, κεκωλυσόμενος, κωλυθήσαιο, κωλυθήσεσθαι, κωλυθῆναι, κωλύθητι, κωλυθήσοισθε, κωλυθησόμεθα, ἐκωλύθησαν, κωλυθήτω, κωλυθῇς, κωλυτή, κωλυτέον, κωλυθῶσι, κωλυθείσας, κωλυθεῖσι, κωλυθείησαν, κωλυθείη (radical verbal, κωλυ).

Dire quelles sont les terminaisons des temps qui suivent :

Πολιτευθήσεται, πολιτευθήσοισθε, πεπολιτεύσεσθαι, πεπολιτευσόμενον, πολιτευθέντων, πολιτευθῆναι, πολιτεύθητι, πολιτευθῶμεν, ἐπολιτεύθησαν, ἐπολιτεύθητον, πολιτευτοί, πολιτευτέα (radical verbal, πολιτευ).

Dire à quelle personne, à quel nombre, à quel temps et à quel mode sont ces différents temps.

---

§ 80-81.

EXERCICE SUR LA VOIX PASSIVE.

1° Présent et imparfait (τί-ομαι, je suis honoré).

Il est honoré, ils sont honorés, vous étiez honorés, tu étais honoré, sois honoré, soyez honorés, ils étaient honorés, que tu sois honoré, qu'ils soient honorés, qu'il soit honoré, que tu fusses honoré, qu'ils fussent honorés tous deux, puisse-t-il être honoré ! que nous soyons honorés, nous étions honorés, être honoré, étant honoré (nomin. et acc. masc. plur. ; acc. sing. et plur. neutre).

2° Futur, aoriste et futur antérieur (ἐπι-σωρεύ-ομαι, je suis entassé).

Vous serez entassés, ils seront entassés, il aura été entassé, tu auras été entassé, que tu eusses dû être entassé, que j'eusse dû être entassé, qu'ils eussent dû être entassés, devoir être entassé, avoir dû être entassé, ayant dû être entassé (gén. et acc. fém. sing.) ; devant être entassé (dat. et acc. fém. plur.); tu fus entassé, ils furent entassés, vous fûtes entassés tous deux, sois entassé, soyez entassés, que je sois entassé, que nous ayons été entassés, que nous eussions été entassés, que tu eusses été entassé, avoir été entassé, ayant été entassé (gén. et dat. fém. sing. ; dat. et acc. masc. plur.).

3° Parfait, plus-que-parfait et adjectifs verbaux (ἐμπιστεύομαι, je suis chargé de).

Tu as été chargé, ils ont été chargés, nous avons été chargés, il avait été chargé, tu avais été chargé, vous avez été chargés, nous avons été chargés tous les deux, aie été chargé, ayez été chargés, que tu aies été chargé, qu'ils aient été chargés, que j'eusse été chargé, qu'elle eût été chargée, qu'elles aient été chargées, que vous ayez été chargés tous les deux, que nous eussions été chargés, avoir été chargé, chargé (dat. et acc. masc. sing.; gén. et acc. plur. neutre); qui est ou peut être chargé (dat. et acc. sing. masc.); qui doivent être chargés (acc. masc. et neutre plur.).

---

§ 80-81.

EXERCICE SUR LA VOIX PASSIVE.

Remarque supplémentaire au sujet du futur, de l'aoriste, du parfait, du plus-que-parfait et des adjectifs verbaux.

N. B. — Un certain nombre de verbes en ω pur non contractes prennent immédiatement après le radical verbal la consonne σ aux temps indiqués ci-dessus. Ces verbes sont particulièrement ceux dont le radical verbal est terminé par une voyelle brève ou une diphthongue.

EXEMPLE :

	fut. passif	aor. passif	parf. passif
βύω, je bouche,	βυ-σ-θήσομαι,	ἐβύ-σ-θην,	βέβυ-σ-μαι,

pl.-que-p. passif	adject. verbaux
ἐβεβύ-σ-μην,	βυ-σ-τός, βυ-σ-τέος.

σείω, je secoue, fut. passif σει-σ-θήσομαι, aor. passif ἐσεί-σ-θην, parf. passif σέσει-σ-μαι,

pl.-que-p. passif ἐσεσεί-σ-μην, adject. verbaux σει-σ-τός, σει-σ-τέος.

Mais alors la troisième personne du pluriel du parfait et du plus-que-parfait de l'indicatif se forme par circonlocution. Au nominatif pluriel du participe passé, le parfait ajoute εἰσί, et le plus-que-parfait ἦσαν. Exemple :

Παί-ομαι, je suis frappé ; parfait passif, πέπαισμαι ; troisième personne du pluriel, πεπαισμένοι εἰσί.

Χρίομαι, je suis enduit ; plus-que-parfait passif, ἐκεχρίσμην ; troisième personne du pluriel, κεχρισμένοι ἦσαν.

QUESTIONNAIRE.

N'y a-t-il point certains temps de verbes en ω pur non contractes qui, par exception, prennent après le radical verbal la consonne σ?

Quels sont ces temps?

Comment sont, en général, terminés au radical verbal les verbes qui prennent σ?

Si θραύω, *je brise*, prend le σ, comment fera-t-il aux temps susceptibles de prendre cette consonne?

Comment le parfait passif λέλευσμαι, *j'ai été lapidé*, fera-t-il à la troisième personne du pluriel?

Comment le plus-que-parfait passif ἐκεκελεύσμην, *j'avais été invité à*, fera-t-il à la troisième personne du pluriel?

Comment ce dernier verbe fera-t-il aux adjectifs verbaux?

Les verbes qui prennent ce σ au futur et à l'aoriste passifs, le conservent-ils toujours au parfait et au plus-que-parfait?

Citer un verbe qui ne conserve pas ce σ à tous les temps.

§ 80-81.

Remarques sur la voix passive.

N. B. — En grec, le régime des verbes passifs, quand c'est un nom d'être animé, se met au génitif avec ὑπό, ou au datif sans préposition; quand c'est un nom de chose, il se met ordinairement au datif. Mais après le parfait passif, comme après l'adjectif verbal en τέος, la personne et la chose se mettent toujours au datif.

Exemple : Pompée fut vaincu par César, Ὁ Πομπήϊος ἐνικήθη ὑπὸ τοῦ Καίσαρος ou τῷ Καίσαρι.

Les arbres ont été ébranlés par le vent, τὰ δένδρα ἐσείσθη τῷ ἀνέμῳ.

J'admire ce qui a été fait par Alexandre, θαυμάζω τὰ τῷ Ἀλεξάνδρῳ πεποιημένα. Les vieillards doivent être honorés par les jeunes gens, οἱ γέροντες τιμητέοι εἰσὶ τοῖς νεανίαις.

Dans les verbes passifs français, le présent, l'imparfait et le futur présent à leurs différents modes ont quelquefois le sens du passé.

Un moyen facile de s'assurer s'il faut traduire le présent par l'aoriste ou le parfait, l'imparfait par le plus-que-parfait, le futur présent par le futur antérieur, c'est de tourner la phrase par l'actif en français, et le temps de l'actif indiquera quel doit être le temps du passif en grec.

Exemple : la maison est construite par les ouvriers (c'est-à-dire, les ouvriers construisent la maison), ἡ οἰκία ἱδρύεται ὑπὸ τῶν τεχνιτῶν. La maison est construite depuis longtemps (c'est-à-dire, on a construit la maison depuis longtemps), ἡ οἰκία ἵδρυται ἐκ πολλοῦ. La maison était construite par les ouvriers (c'est-à-dire, les ouvriers construisaient la maison), ἡ οἰκία ἱδρύετο ὑπὸ τῶν τεχνιτῶν. La maison était construite (c'est-à-dire, on avait construit la maison) quand mon père revint, ἡ οἰκία ἵδρυτο, ὅτε ὁ ἐμοῦ πατὴρ ἐπανῆλθε. La maison sera construite par l'architecte (c'est-à-dire, l'architecte construira la maison), ἡ οἰκία ἱδρυθήσεται ὑπὸ τοῦ ἀρχιτέκτονος. La maison sera construite pour le printemps (c'est-à-dire, on aura construit la maison), ἡ οἰκία ἱδρύσεται, ὅτε τὸ ἔαρ φανήσεται.

Ces observations s'appliquent à tous les modes du présent et du futur présent passif français.

En outre, au passif comme à l'actif, quand on veut exprimer en grec un fait accompli et indiquer que le résultat dure encore, on se sert généralement du parfait; on se sert de l'aoriste quand on ne veut pas indiquer si le résultat dure encore ou non.

Exemple : le temple a été bâti, ὁ νεὼς ᾠκοδόμηται (on indique que le temple subsiste encore).

Le temple a été bâti, ὁ νεὼς ᾠκοδομήθη (on n'indique pas si le temple existe encore ou non).

---

§ 80-81.

THÈME SUR LA VOIX PASSIVE.

Première partie.

N. B. — Les élèves feront bien de s'assurer dans le dictionnaire si les verbes passifs employés dans ce thème prennent à certains temps un σ devant le radical verbal.

Quinze archers de notre armée faits prisonniers (αἰχμαλωτεύω) dans (ἐν, dat.) un combat très-acharné, et couverts de poussière (κονίω), ont été enchaînés (δεσμεύω), furent enchaînés après (μετά, acc.) la victoire par deux cents cavaliers. Blessés (κατατετρωμένοι), ils seront soignés (ἐκ-θεραπεύω), ils auront été soignés par les médecins qui étaient présents, et dont chacun honorait (τίω, acc.) le noble courage de nos soldats. Que leurs blessures nombreuses soient lavées (περι-λούω), fussent lavées, aient été lavées, eussent été lavées, dussent être lavées par les mains habiles de ces mêmes médecins. Combien d'arbres de cette forêt très-vaste et très-belle ont été ébranlés (κατα-σείω), sont ébranlés, furent ébranlés, seraient ébranlés, auraient été ébranlés par le vent violent de l'orage, qui a ravagé (ἐπόρθησε, acc.) les riches moissons des laboureurs, et brisé (θραύω, acc.) les branches très-touffues du vieux chêne, qui était le plus beau de tous, et était planté auprès (παρα-φυτεύω, dat.) de la maison de mes ancêtres! Que des pins soient transplantés (ἐκ-φυτεύω), fussent tranplantés, aient été transplantés, eussent été transplantés, dussent être transplantés autour de (περὶ, acc.) la ville populeuse par les habitants. Que l'eau soit puisée (ἐξ-αρύω), fût puisée, ait été puisée, eût été puisée, dût être puisée, puisse être puisée par les femmes et les jeunes filles, pour (ὥστε) arroser (ἀρδεύειν, acc., infin. aor. act.) les racines de ces arbres plus tendres que vigoureux. O respectables suppliants, assis auprès (παρακαθήμενοι, dat.) des statues des dieux, soyez entendus (εἰσ-ακούω), que vous soyez entendus, que vous fussiez entendus, que vous ayez été entendus, puissiez-vous être entendus ! que vous dussiez être entendus, que vous eussiez dû être entendus par Jupiter, souverain maître des dieux et des hommes. O toi, témoin, dont nous avons éprouvé (ἐπειρασάμεθα, acc.) la très-grande franchise, tu as été cru (δια-πιστεύω), tu es cru, tu fus cru, tu serais cru, tu aurais été cru, tu auras été cru, puisses-tu être cru ! tu étais cru, que tu eusses été cru, que tu fusses cru, que tu aies été cru, tu avais été cru, que tu eusses dû être cru, que tu dusses être cru par les juges qui seront présents à ce procès.

N. B. — Les élèves devront souvent tourner quelques-unes de ces phrases de singulier en pluriel et réciproquement.

---

§ 80-81.

THÈME SUR LA VOIX PASSIVE.

Deuxième partie.

Ceux qui sont frappés (παίω, prés.), qui seront frappés, qui ont été frappés, qui furent frappés (*tournez toutes ces propositions par l'article et le participe*), sont empêchés (κωλύω, prés.), auront été empêchés, seraient empêchés, auraient été empêchés de marcher (βαδίζειν). Je dis que (λέγω ὅτι) beaucoup de villes fondées (ἱδρύω, parfait) en (ἐν, dat.) Asie par Alexandre, sont gouvernées (πολιτεύω), ont été gouvernées, furent gouvernées, seront gouvernées par des généraux très-illustres (*tournez cette même phrase par la proposition infinitive*). On ferme (κλείω) les portes (*tournez :* les portes sont fermées), pour (ἵνα) empêcher les voleurs (*tournez* par le passif) d'entrer (εἰσιέναι). On avait fermé les portes, pour (ὅπως) empêcher les voleurs d'entrer (*tournez par le passif comme dans la phrase précédente*). Après avoir été fait prisonnier (αἰχμαλωτεύω), tu as été enchaîné (δεσμεύω), tu fus enchaîné, tu fus banni (φυγαδεύω), tu as été banni par les trente tyrans. O toi, traître, sors enchaîné et banni. Que les traîtres soient enchaînés et bannis. O brebis, soyez immolées (κατα-θύω), que vous ayez été immolées, puissiez-vous être immolées ! que vous eussiez été immolées par les prêtres très-pieux. Sur le point d'être enchaîné et banni, le coupable a été invité (ἐγ-κελεύω), fut invité, sera invité, serait invité, aurait été invité par les juges à dire la vérité (ἀληθεύω). Cette torche très-grande est enduite (περι-χρίω, prés.), sera enduite de résine (dat.), afin (ὡς) d'indiquer (προ-μηνύω, acc.) le chemin au voyageur, au moment de se mettre en route (πορεύω). Ces torches très-grandes étaient enduites (prés.), furent enduites, ont été enduites de résine, pour (ὡς) indiquer le chemin au voyageur, près de se mettre en route. Nous croyons que (νομίζομεν ὅτι) cent bœufs doivent être sacrifiés (κατα-θύω, *tournez par l'adjectif verbal en* τέος) par le vainqueur. (*Traduire cette même phrase par la proposition infinitive.*) Vous pensez qu'il faut honorer la vertu (*tournez :* que la vertu doit être honorée ; *traduire,* 1° *par la proposition infinitive,* 2° *par la conjonction* ὅτι). Les maîtres doivent instruire (παιδεύω) les jeunes gens (*tournez :* les jeunes gens doivent être instruits par les maîtres). Il faut briser (θραύω) les portes (*même tournure*). Je dis (φημί) que les coupables doivent être bannis (φυγαδεύω) par les magistrats (*traduire*, 1° *par la conjonction* ὅτι, 2° *par la proposition infinitive*).

N. B. — Les élèves devront souvent tourner quelques-unes de ces phrases de singulier en pluriel et réciproquement.

---

§ 71-82.

Récapitulation des troix voix.

QUESTIONNAIRE.

Voix active.

Quelles sont les lettres caractéristiques des temps principaux et secondaires de la voix active?

Ces caractéristiques passent-elles à tous les modes?

Quelle est la désinence des temps principaux et secondaires à la troisième personne du pluriel?

Pourquoi la désinence de la troisième personne du pluriel du subjonctif à tous les temps est-elle σι, et celle de l'optatif εν?

Quel est le mode dont la désinence est μι à la première personne du singulier de tous les temps?

Du radical verbal ἐν-εδρευ, former le radical de l'aoriste. Conjuguer ce temps à tous ses modes.

Du radical verbal δουλευ, former le radical du parfait. Conjuguer ce temps à tous ses modes.

Du radical verbal οδευ, former le subjonctif présent. Donner tous les temps du subjonctif de ce même radical.

Du radical verbal ξυ, former l'optatif présent. Donner

tous les temps de l'optatif de ce même radical verbal.

A quel temps et à quel mode sont les formes suivantes : μηνύσας, μεμηνυκώς, μηνύσειν, μεμηνυκέναι ?

Voix moyenne.

Les caractéristiques des temps et des modes sont-elles les mêmes à la voix moyenne et à la voix active ?

A quelle classe de temps appartiennent les désinences μαι et μην, νται et ντο?

Que remarque-t-on à la deuxième personne du singulier de certains temps?

Quels sont les temps qui prennent le redoublement?

A quels modes le parfait se forme-t-il par circonlocution?

Quels sont les temps qui prennent l'augment? L'augment sort-il de l'indicatif?

Du radical verbal πιστευ, former le parfait et le plus-que-parfait moyen.

A quel temps et à quel mode sont les formes suivantes : ἐβουλευσάμην, βουλεύσοιο, βουλεύσαισθε ?

Voix passive.

Quels sont les temps particuliers à la voix passive?

Comment reconnaît-on que παιδευθήσομαι est au futur passif et παιδεύθω à l'aoriste passif?

Quel est le temps dont la conjugaison rappelle à presque tous les modes celle de la voix active?

Quel est le temps de la voix passive qui ne se trouve ni au moyen ni à l'actif?

Comment reconnaît-on que λελούσομαι (radical verbal, λου) est au futur moyen ?

Du radical verbal ξυ, former le parfait passif et le faire passer par tous les modes de ce temps.

Du même radical ξυ, former le subjonctif présent passif, donner tous les autres temps de ce mode. Quel mode indique la caractéristique ι?

Quel est le temps de l'optatif qui prend la caractéristique μι?

Quel mode caractérisent σθαι et μενος?

A quel temps et à quel mode est παιδευθέντων?

A quel temps est ἀνυσθήσομαι (radical verbal, ἀνυ)?

Pourquoi ce σ après le radical verbal?

Comment s'appelle le temps terminé en τέος?

---

§ 82-84.

Deuxième classe de verbes en ω.

VERBES CONTRACTES.

Par quelle voyelle sont terminés au radical verbal les verbes en ω pur non contractes?

Par quelle voyelle sont terminés les verbes en ω pur qui se contractent?

Quels sont les temps susceptibles de contraction?

Que devient, en général, la voyelle finale du radical verbal aux temps qui ne se contractent pas?

Les temps qui ne se contractent pas ont-ils aux trois voix les mêmes caractéristiques de temps, de modes et de personnes que ceux des verbes non contractes?

En est-il de même avant la contraction pour les temps contractes?

VERBES CONTRACTES EN άω.

Quelles sont les voyelles qui se contractent en ω et ῳ?

Quand la contraction se fait-elle en α et ᾳ?

Faire la contraction des formes suivantes du verbe

νικά-ω, je vaincs : νικάομεν, νικάουσι, νικάοις, νικάοιεν, ἐνίκαε, νικάῃ, νικάεεν, νικάῃς, νικάοντος, νικαόμεθα, ἐνικάου, νικάοιτο, νικάεσθαι, ἐνικάεσθε, νικαόμενος.

Du radical verbal τολμα, former le futur actif, moyen et passif.

Du radical verbal ἀπατα, former l'aoriste actif, moyen et passif.

Du radical verbal ἀρτα, former le parfait et plus-que-parfait, actif et moyen, le futur antérieur, et les deux adjectifs verbaux.

A quel temps de la voix active peuvent être les formes suivantes du radical verbal ἀνα-σπα : ἀνέσπα, ἀνάσπα, ἀνασπῶσι, ἀνέσπων, ἀνασπῷεν, ἀνεσπῶμεν, ἀνασπάσεις, ἀνέσπακε, ἀνασπάσαις?

A quel temps de la voix moyenne ou passive peuvent être les formes suivantes du radical verbal συγ-κυκα : συγκυκᾷ, συγκυκώμεθα, συνεκυκᾶσθε, συνεκυκῶντο, συγκυκῷσθε, συγκυκήσῃ, συνεκυκήσω, συγκεκύκησαι, συνεκεκύκητο, συγκεκυκημένοι ἦτε, συγκεκυκημέναι εἴησαν, συγκυκήσασθαι, συγκυκηθήσεται, συνεκυκήθη, συγκυκήθωμεν, συγκυκηθῆναι, συγκυκηθεῖσι?

---

§ 82-84.

THÈME SUR LES VERBES CONTRACTES EN άω.

N. B. — Parmi les verbes contractes en άω, un grand nombre gardent α aux temps qui ne se contractent pas. Ce sont, en général, ceux dont l'α final du radical verbal est précédé d'un ε, d'un ι, d'un ρ, et quelquefois d'un λ. Exemple :

		futur	aoriste	parfait actif
ἐάω,	je permets,	ἐάσω,	εἴασα,	εἴακα,
ἀνιάω,	je chagrine,	ἀνιάσω,	ἠνίασα,	ἠνίακα,
περάω,	je traverse,	περάσω,	ἐπέρασα,	πεπέρακα,
κλάω,	je brise,	κλάσω,	ἔκλασα,	κέκλακα.

L'usage apprendra les autres exceptions.

En outre, souvent dans les verbes qui conservent α aux temps qui ne se contractent pas, le radical verbal prend immédiatement après lui un σ au futur, à l'aoriste, au parfait et plus-que-parfait passif, et aux deux adjectifs verbaux. Exemple :

	fut. passif	aoriste passif	parf. passif	pl.-que-p. passif
σπάω, je tire,	σπασθήσομαι,	ἐσπάσθην,	ἔσπασμαι,	ἐσπάσμην,

adjectifs verbaux
σπαστός, σπαστέος.

Les élèves devront s'assurer, au moyen du dictionnaire : 1° si les verbes en άω conservent ou non la voyelle α aux temps non contractes; 2° si les verbes qui conservent α prennent après le radical verbal la consonne σ aux temps indiqués ci-dessus.

Première partie.

Les chevaux fougueux des cavaliers très-hardis s'élancent (ὁρμάομαι), s'élanceront pour (ἵνα) franchir (ὑπερπηδάω. acc.) ce fossé très-profond. Ils osaient (τολμάω), ils osèrent, ils ont osé, ils avaient osé s'élancer, afin de (ὅπως) franchir ce fossé très-profond. Sur le point d'être interrogés (ἐρωτάω), les disciples réfléchirent (μελετάω), et, après avoir réfléchi, ils répondirent (ἀπεκρίναντο) en souriant (μειδιάω, partic. prés.). Celui qui trompe (ἀπατάω, *tournez par l'article et le participe*) sera trompé. Ceux qui aiment (ἀγαπάω, *même tournure*) seront aimés. Les avares s'efforcent (πειράομαι), s'efforçaient, s'efforceront, s'efforceraient d'acquérir (κτάομαι, acc.) de grandes richesses, dont ils se glorifient (ἐπι-καυχάομαι, dat.), se glorifièrent, se seraient glorifiés, se sont glorifiés. Le voyageur qui s'était égaré (πλανάομαι) dans (ἐν, dat.) les sentiers nombreux de la forêt épaisse, fut dépouillé (συλάω), a été dépouillé par cinq voleurs couchés (κοιμάω) auprès (πρός, dat.) d'un pin plus grand que tous les autres.

§ 82-84.

THÈME SUR LES VERBES CONTRACTES EN άω.

Deuxième partie.

O pilote habile, gouverne (κυβερνάω, acc.), aie gouverné, que tu gouvernes, tu gouvernais, tu as gouverné, que tu dusses gouverner, que tu eusses gouverné, tu aurais gouverné le vaisseau. O vaisseaux, soyez gouvernés, ayez été gouvernés, que vous soyez gouvernés, puissiez-vous être gouvernés ! que vous ayez été gouvernés, que vous dussiez être gouvernés, vous seriez gouvernés par les pilotes très-habiles. Je dis que (λέγω ὅτι) les coupables essayent (πειράομαι), essayeront, essayèrent, ont essayé de tromper tous ceux qui (*tournez par l'article et le participe*) les ont interrogés, les interrogeaient, les avaient interrogés. On dit que (λέγεται *avec l'infinitif*) les branches de chaque pommier sont brisées (κλάω), seront brisées, ont été brisées, furent brisées par la violence du vent. Ceux qui (*tournez par l'article et le participe*) sont trompés, seront trompés, ont été trompés, auront été trompés, s'affligent (ἀνιάομαι), s'affligeront, s'affligèrent, se sont affligés. Je fuis (φεύγω, acc.) le plaisir, de peur que (ἵνα μή) la douleur ne (*à supprimer*) soit engendrée (γεννάω) par lui. Je fuyais (ἔφευγον) le plaisir, de peur que la douleur ne fût engendrée par lui. Après avoir dîné (ἀριστάω), les vieillards se couchèrent. Sur le point de vaincre (νικάω), les ennemis furent trompés. Nous n'aimons pas (*ne pas*, οὐκ) les hommes qui (*tournez par* les *et le participe*) dépensent (δαπανάω, acc.), ont dépensé, dépensèrent, dépenseraient, dépenseront, auraient dépensé, auront dépensé les richesses acquises (κτάομαι, aor. pass.) par le travail des ancêtres. Les lampes doivent être suspendues (ἀρτάω) au (ἐκ, gén.) plafond de la salle à manger par les ouvriers. Nous croyons que (νομίζομεν ὅτι) il faut suspendre (*adjectif verbal*) la lampe dans (ἐν, dat.) la salle à manger. (*Même phrase avec la proposition infinitive.*)

N. B. — Dans un certain nombre de ces phrases, les élèves devront remplacer l'actif par le passif, le singulier par le pluriel, et réciproquement.

---

§ 84-85.

Verbes contractes en έω.

QUESTIONNAIRE.

Que devient ε devant les voyelles longues et les diphthongues ?

Quelles sont les voyelles qui se contractent en ει?

Quand la contraction se fait-elle en ου?

Que devient en général ε aux temps qui ne se contractent pas ?

Faire la contraction des formes suivantes du verbe κοσμέω, j'orne : κοσμέεις, κοσμέουσι, κοσμέητε, ἐκόσμεον, κοσμέοιμεν, κοσμέων, κοσμεούσης, κοσμέοντος, ἐκόσμεε, κοσμέωσι, κοσμέῃς, κοσμεέτω.

Du radical verbal πατε, former le futur actif, moyen et passif.

Du radical verbal ἀσκε, former l'aoriste actif, moyen et passif.

Du radical verbal φοβε, former le parfait et plus-que-parfait actif et moyen, le futur antérieur et les deux adjectifs verbaux.

A quel temps de la voix active peuvent être les formes suivantes du radical verbal οἰκοδομε : οἰκοδομεῖ, οἰκοδομεῖτε, ᾠκοδόμουν, ᾠκοδομεῖτε, οἰκοδομείτω, οἰκοδομῇ, οἰκοδομοῖεν, οἰκοδομοῖς, οἰκοδομοῦσα, οἰκοδομήσειν, ᾠκοδόμησας, οἰκοδόμησον, οἰκοδομήσαιμι, ᾠκοδόμηκε, ᾠκοδομήκῃς, ᾠκοδομήκοι, ᾠκοδομηκέναι, ᾠκοδομηκότας, ᾠκοδομήκεσαν?

Dire à quel temps de la voix moyenne ou passive sont les formes suivantes du radical verbal αἰδε : αἰδεῖται, αἰδείσθω, αἰδούμεθον, αἰδῆσθε, αἰδοῖντο, αἰδούμενος, ᾐδούμην, ᾐδεῖτο, αἰδέσεται, αἰδέσοιτο, ᾐδέσαντο, αἰδέσθησαν, αἰδεσάμενος, αἰδέσαιντο, ᾔδεσαι, ᾔδεσθε, ᾐδεσμένοι εἴητε, ᾔδεσθαι, αἰδεσθήσεται, αἰδεσθησοίμεθα, αἰδεσθήσεσθαι, αἰδεσθῆναι, αἰδεσθέντας, ᾐδέσθην, αἰδέσθητι, αἰδεσθῇς, αἰδεσθείη, αἰδέσομαι, αἰδεστέοι.

---

§ 84-85.

THÈME SUR LES VERBES CONTRACTES EN έω.

N. B. — Un petit nombre de verbes contractes en έω gardent l'ε final du radical verbal aux temps qui ne se contractent pas. Exemple :

		fut. actif	aor. actif	parf. actif	pl.-que-p. actif
τελέω,	j'achève,	τελέσω,	ἐτέλεσα,	τετέλεκα,	ἐτετελέκειν.
ξέω,	je racle,	ξέσω,	ἔξεσα,	ἔξεκα,	ἐξέκειν

Souvent, dans les verbes qui gardent l'ε final du radical verbal aux temps qui ne se contractent pas, le radical verbal prend immédiatement un σ après lui au futur, à l'aoriste, au parfait, au plus-que-parfait passif et aux deux adjectifs verbaux. Exemple :

	fut. passif	aor. passif	parf. passif	pl.-que-p. passif	adj. verb.
τελέω,	τελεσθήσομαι,	ἐτελέσθην,	τετέλεσμαι,	ἐτετελέσμην,	τελεστός τελεστέος.

L'usage apprendra les autres exceptions.

Les élèves devront consulter avec soin le dictionnaire pour les verbes en έω.

Première partie.

Enfant, si tu veux (ἐὰν θέλῃς) être loué (ἐπαινέω), n'hésite pas (ne pas, μή avec le subjonctif aoriste de κατὀκνέω) d'exercer (ἀσκεῖν, acc.) ta mémoire. Les enfants, pour (ἵνα) être loués, n'hésitent pas (ne pas, οὐ), n'hésiteront pas à exercer leur mémoire. Ceux qui (*tournez par* les *et le participe*) imitent (μιμέομαι, acc.), imiteront, imitèrent les belles actions des héros illustres, sont loués, ont été loués, furent loués, seront loués par les historiens. Puissiez-vous être heureux (εὐδαιμονεῖν) ! vous seriez heureux, vous auriez été heureux, que vous dussiez être heureux. Qu'ils soient haïs (μισέω), qu'ils aient été haïs, qu'ils dussent être haïs, qu'ils eussent été haïs, ceux qui (*même tournure que précédemment*) commettent des injustices (ἀδικέω), commettront, commettraient, commirent, ont commis, auraient commis des injustices. Les cavaliers secouraient (ἐπι-βοηθέω, dat.), avaient secouru, ont secouru les fantassins découragés (ἀθυμέω), pour ne pas (ὅπως μή) être méprisés (κατα-φρονέω) par les ennemis. O hommes, aidez-vous les uns les autres (*tournez :* aidez, ὠφελέω, acc., les uns les autres), que vous vous aidiez, que vous vous aidassiez, puissiez-vous vous aider ! que vous dussiez vous aider, que vous vous fussiez aidés les uns les autres.

---

§ 84-85.

THÈME SUR LES VERBES CONTRACTES EN έω.

Deuxième partie.

Après avoir foulé (πατέω, acc.) les fleurs brillantes de la prairie, les troupeaux se nourrissaient (σιτέομαι, acc.) de l'herbe verdoyante des champs. Tu méprises (κατα-φρονέω, gén.), tu méprisais, tu méprisas, tu as méprisé, tu mépriserais, tu auras méprisé, tu aurais méprisé, que tu dusses mépriser, que tu aies méprisé, aie méprisé, que tu eusses méprisé, puisses-tu mépriser les lâches ! Près de faire la guerre aux (πολεμέω, dat.) Perses pour (ὥστε) secourir (ἐπιβοηθεῖν, dat., infin. aor.) leurs alliés qui étaient malheureux (*tournez :* les étant malheureux, ἀτυχέω), les Grecs, méprisant la mort, entreprirent de (ἐπι-χειρέω) faire (ἐπι-τελέω, acc., infin. aor.), de grandes choses. Je dis (λέγω) que ceux qui sont riches (*tournez par le participe,* πλουτέω) ne sont pas toujours heureux (ne pas toujours, οὐκ ἀεί, être heureux, εὐδαιμονεῖν), ne seront pas, n'ont pas toujours été heureux. (*Traduire* que : 1° *par* ὅτι, 2° *par la proposition infinitive.*) Nous pensons (νομίζομεν) que ceux qui commettent une injustice (*tournez :* les, *et le participe* ἀδικέω), qui commettront, qui ont commis une injustice, ne sont point, ne furent point, ne seront point loués (ne point, οὐκ) par les citoyens honnêtes. (*Traduire, comme précédemment,* que : 1° *par* ὅτι, 2° *par la proposition infinitive.*) Je pense (νομίζω) que ceux qui sont victimes d'une injustice (ἀδικέομαι), qui étaient, qui seront, qui furent. ont été, seraient, auront été, auraient été victimes d'une injustice, sont aidés (ὠφελέομαι), seront, furent, étaient, ont été, seraient, auront été, auraient été aidés par les magistrats très-vertueux. (*Employer partout les mêmes tournures que dans la phrase précédente.*) Ne néglige pas (ne pas μή, ἀμελέω, gén., subj. aor.), ne négligez pas la vertu. Les jeunes gens doivent pratiquer la vertu (ἀσκέω, adject. verb.). Je dis (λέγω) que les jeunes gens doivent haïr (μισέω, acc.) le vice (*tournez par l'adjectif verbal,* 1° *avec la conjonction* ὅτι, 2° *avec la proposition infinitive*).

N. B. — Les élèves devront souvent tourner quelques-unes de ces phrases d'actif en passif, de singulier en pluriel, et réciproquement.

§ 85-86.

Verbes contractes en όω.

QUESTIONNAIRE.

Quelles sont les voyelles qui se contractent en ου?

Quand la contraction se fait-elle en ω?

Quand se fait-elle en οι?

Que devient ο final du radical verbal aux temps qui ne se contractent pas?

Faire la contraction des formes suivantes de κληρόω, je désigne par le sort : κληρόει, κληρόομεν, κληρόῃς, κληρόετε, ἐκλήροον, κληρόουσι, κληρόωμεν, κληρόοιτε, κληρόουσα, κληρόων, ἐκληρόετον.

Du radical verbal κεραυνο, former le futur actif, moyen et passif.

Du radical verbal ἐρημο, former l'aoriste actif, moyen et passif.

Du radical verbal ἀξιο, former le parfait et le plus-que-parfait actif et moyen, le futur antérieur et l'adjectif verbal τέος.

A quel temps de la voix active peuvent être les formes suivantes du radical verbal ἐπι-ζημιο : ἐπιζημιοῖς, ἐπιζημιοῦσι, ἐπιζημιῶσι, ἐπιζημιοῖτε, ἐπιζημιοῦσα, ἐπεζημίους, ἐπεζημίουν, ἐπιζημιώσομεν, ἐπεζημίωσας, ἐπεζημίωκε, ἐπεζημιώκειτε, ἐπιζημίωσον, ἐπιζημιῶσαι, ἐπεζημιωκέναι, ἐπιζημιώσασι, ἐπεζημιώκωσι, ἐπεζημιώκοιεν, ἐπεζημιωκότων?

A quel temps de la voix moyenne ou passive peuvent être les formes suivantes du radical verbal χειρο : χειροῦται, χειρούσθω, χειρῶσθε, χειροῖντο, ἐχειροῦ, χειροῦσθαι, ἐχειροῦντο, χειρώσῃ, χειρώσοιο, ἐχειρώσω, ἐχειρώσασθε, χειρώσηται, χειρώσοιτο, χειρώσαιντο, χειρώσασθαι, χειροῖ, χειρωσαμένοις, κεχείρωσαι, κεχείρωσο, κεχειρωμένοι ὦσι, κεχειρωμένη εἴης, κεχειρωμένος, ἐκεχείρωτο, χειρωθήσεται, ἐχειρώθητε, χειρωθήτωσαν, χειρωθῶσι, χειρωθήσοισθε, χειρωθείημεν, χειρωθῆναι, χειρωθεῖσι, χειρωθησόμενα, κεχειρώσῃ, κεχειρώσοιτο, χειρωτέα?

---

§ 85-86.

THÈME SUR LES VERBES CONTRACTES EN όω.

N. B. — Comme dans les verbes contractes en άω et en έω, un très-petit nombre de verbes en όω n'allongent pas l'ο final du radical verbal aux temps qui ne se contractent pas. Exemple :

	futur	aoriste	parf. attique	pl.-que-p. attique
ἀρόω, je laboure,	ἀρόσω,	ἤροσα,	ἀρ-ήροκα,	ἀρ-ηρόκειν.

Mais, à la différence des verbes en άω et en έω, ils ne prennent point de σ au futur, à l'aoriste, au parfait, au plus-que-parfait passif et aux deux adjectifs verbaux. Exemple :

	futur passif	aor. passif	parf. passif	pl.-que-p. passif	adj. verb.
ἀρόω,	ἀροθήσομαι,	ἠρόθην,	ἀρ-ήρομαι,	ἀρ-ηρόμην,	ἀροτός ἀροτέος.

Première partie.

De nombreux combats ont ensanglanté (αἱματόω, acc.), ensanglanteraient, ensanglanteront, ensanglantèrent le sol de la Grèce. Combien de villes sont dépeuplées (ἐρημόω), furent, ont été, auraient été dépeuplées par la guerre ! Le vainqueur farouche subjugue (χειροῦμαι, acc.), subjuguait, a subjugué, subjugua, aura subjugué tout le pays, que les habitants labourent (ἀρόω, acc.), labourèrent, laboureront. O vous, citoyens, accueillez (δεξιοῦμαι, acc.), que vous accueilliez, que vous dussiez accueillir, puissiez-vous accueillir ! vous accueilleriez, vous auriez accueilli les prisonniers près d'être mutilés (πηρόω) par les ennemis. Excitez à la guerre (πολεμόω, acc.) tous vos alliés, pour (ὅπως) affranchir (ἐλευθερόω, acc.) vos pères, vos fils et vos frères. La fortune a abaissé (ταπεινόω, acc.), abaissa, avait abaissé les uns (οἱ μέν), pour (ἵνα) élever (ὑψόω, acc.) les autres (οἱ δέ). Les uns seront, ont été élevés, auraient été élevés, auront été élevés, les autres furent abaissés, seraient, étaient abaissés par la même fortune.

---

§ 85-86.

THÈME SUR LES VERBES CONTRACTES EN όω.

Deuxième partie.

L'instruction polit (ἐξ-ημερόω, acc.), qu'elle polisse, qu'elle polît, pût-elle polir ! qu'elle eût poli, qu'elle ait poli les mœurs sauvages des hommes. Après avoir été enchaînés (δεσμόω), esclaves, vous êtes fouettés (μαστιγόω), vous étiez, vous seriez, vous serez, vous fûtes, vous auriez été fouettés par le maître. Les généraux, après (μετά, acc.) la victoire, jugent à propos de (ἀξιόω), ont jugé, jugeront, avaient jugé, auraient jugé, jugeraient à propos de se couronner (στεφανοῦμαι). Tu ambitionnes (ζηλόω, acc.), il ambitionna, que vous eussiez ambitionné, puissions-nous ambitionner ! qu'ils aient ambitionné, que j'eusse ambitionné, qu'il dût ambitionner, vous auriez ambitionné, il ambitionnerait la gloire de ceux qui ont racheté (λυτροῦμαι, acc.), qui rachetèrent, qui rachèteront les prisonniers (*tournez* : ceux qui *par l'article et le participe*). On dit (λέγεται) que les Titans ont été foudroyés (κεραυνόω) par Jupiter. (*Traduire* que, 1° *par* ὅτι, 2° *par la proposition infinitive.*) On dit que le soleil dore (χρυσόω, acc.) les moissons (*même tournure qu'à la phrase précédente*). Les criminels sont condamnés à mort (θανατόω), étaient, avaient été, seront, auront été, auraient été, seraient, qu'ils soient, qu'ils fussent, qu'ils dussent être, puissent-ils être ! qu'ils aient été, qu'ils eussent dû être, qu'ils eussent été condamnés à mort par les juges. Les criminels doivent être condamnés à mort par les juges. Je crois qu'il faut tirer au sort (κληρόω, adject. verb.) le butin précieux (*traduire* que, 1° *par* ὅτι, 2° *par la proposition infinitive*).

N. B. — Les élèves devront souvent tourner quelques-unes de ces phrases d'actif en passif, de singulier en pluriel, et réciproquement.

---

§ 85-86.

Remarques sur les verbes contractes.

QUESTIONNAIRE.

Les verbes contractes ont-ils, comme à l'optatif aoriste actif, une seconde forme de l'optatif présent?

Quels sont les éléments de cette seconde forme?

Quelle est la caractéristique de ce mode?

La syllabe ιη se contracte-t-elle avec la voyelle finale du radical?

Cette contraction se fait-elle selon les règles habituelles?

Quelles sont les désinences de cet optatif?

Quelle est la désinence de la troisième personne du pluriel?

Pourquoi cet optatif ne prend-il pas les désinences des temps principaux?

Les troisièmes personnes du pluriel de ce mode n'ont-elles pas une seconde forme abrégée et plus usitée?

Quelle est cette forme?

Du radical verbal ὀρθο, former de deux manières l'optatif présent actif. Exprimer de deux manières le second optatif présent actif de ce radical.

Remplacer ἐρευνῷμι par la seconde forme de l'optatif présent, οἰκοίην par la première forme de l'optatif présent.

A quel temps, quel mode, quel nombre et quelle personne sont les formes suivantes : ἀγαπῴης, ἀγαπῴησαν, ἀσκοίη, ἀσκοίητε, ἐρημῷμεν, δουλῷεν?

---

§ 71-87.

THÈME DE RÉCAPITULATION SUR LES VERBES EN ω PUR NON CONTRACTES ET CONTRACTES.

N. B. — Les élèves devront, autant que possible, employer les verbes et les tournures indiqués dans les devoirs précédents.

En tout cas, ils devront consulter le dictionnaire et ne se servir que de verbes en ω pur non contractes et contractes.

Première partie.

Le médecin habile que j'ai appelé, pour soigner mon frère qui était malade, a entrepris de le secourir; il s'est rendu maître de la maladie, et s'est acquis une très-grande réputation. Le pays très-fertile que mes ancêtres habitaient, a été ravagé et dévasté par une inondation terrible, dont personne n'a tenté de vaincre la violence. Tous ceux qui commettent, qui ont commis, qui commettront une injustice, sont, seront, furent, seraient punis d'une amende. O toi, meurtrier maudit, puisses-tu être enchaîné! que tu fusses, que tu eusses été enchaîné, que le bourreau te mette à mort, qu'il t'ait mis à mort, qu'il t'eût mis à mort, qu'il dût te mettre à mort. Sur le point de se mettre en campagne, les Grecs faisaient, firent, auraient fait des sacrifices à Jupiter et à tous les dieux pour vaincre. Après avoir remporté la victoire, les Athéniens se couronnaient, se couronnèrent, se sont couronnés, se couronneraient. Lequel de vous deux a osé, aurait osé, oserait, osera, osait se vanter de ses richesses? Aucune des deux armées ne juge, n'a jugé, ne jugera, ne jugerait, n'avait jugé, n'aura jugé à propos de traverser le fleuve plus large que rapide qui s'opposait, s'opposera, s'est opposé au passage du soldat.

---

§ 71-87.

THÈME DE RÉCAPITULATION SUR LES VERBES EN ω PUR NON CONTRACTES ET CONTRACTES.

Deuxième partie.

Quiconque rit aujourd'hui pleurera demain. Tous ceux qui ont ri aujourd'hui pleureront demain. O hommes, aimez-vous et secourez-vous les uns les autres. O maîtres, châtiez, que vous ayez châtié, puissiez-vous châtier! que vous dussiez châtier, vous aurez châtié, vous châtierez les esclaves infidèles et très-méchants, qui sont plus nombreux que les bons. Vous demandez par combien de gens la vertu est pratiquée. Je présume que le portique même de ce temple sera bâti, a été bâti, serait bâti, fut bâti, a été bâti par les mêmes ouvriers (*tournez* que, 1° *par* ὅτι, 2° *par la proposition infinitive*). Qu'ils jouissent l'un et l'autre, puissent-ils jouir! qu'ils dussent jouir, qu'ils eussent joui, qu'ils aient joui de la liberté qu'ils ont désirée. Louons les jeunes gens qui imitent les exemples des vieillards très-sensés, et se mettent dans l'esprit qu'ils doivent acquérir de la science (*tournez* que, 1° *par* ὅτι, 2° *par la proposition infinitive*). Il faut que l'architecte achève ses travaux. Le général a recueilli, recueillait, avait recueilli, recueillera, aurait recueilli pour lui toute la gloire dont les soldats sont jugés, étaient jugés, furent jugés, avaient été jugés, auraient été jugés dignes par nos ennemis eux-mêmes, témoins de leur courage inébranlable.

N. B. — Les élèves devront souvent tourner ces phrases d'actif en passif, de singulier en pluriel, et réciproquement.

FIN.

A LA MÊME LIBRAIRIE

PARIS. — TYP. G. CHAMEROT, RUE DES SAINTS-PÈRES, 19.

www.ingramcontent.com/pod-product-compliance
Lightning Source LLC
Chambersburg PA
CBHW071829090426
42737CB00012B/2212

* 9 7 8 2 0 1 9 2 0 9 3 0 8 *